Jon Van Altenaar

Sammelsurium für Männer

mvg Verlag

Bibliografische Information der Deutschen Nationalbibliothek
Die Deutsche Nationalbibliothek verzeichnet diese Publikation in der Deutschen Nationalbibliografie. Detaillierte bibliografische Daten sind im Internet über http://dnb.d-nb.de abrufbar.

www.mvg-verlag.de

Konzept: Ariadne-Buch, Christine Proske, München
Lektorat: wortvollendet, Marion Appelt, Wiesbaden
Umschlaggestaltung: init Büro für Gestaltung, Bielefeld
Satz: Redline GmbH, Jürgen Echter
Druck: Himmer, Augsburg
Bindearbeiten: Thomas, Augsburg
Printed in Germany
ISBN 978-3-636-06311-3

Inhalt

Vorwort

Was muss ein „richtiger“ Mann eigentlich alles wissen? Wie man einen Nagel in die Wand schlägt, den G-Punkt findet, Komplimente macht oder der Shoppingtour entkommt? Oder wie viele Ferrarifahrer es in Deutschland gibt und wie man selbst einer wird? Am besten alles auf einmal, denn ein Mann ist nur dann vollkommen, wenn er den Umgang mit der komplizierten weiblichen Psyche ebenso souverän beherrscht wie die Kunst, einen Kompass zu lesen oder sämtliche Messer und Gabeln im Fünf-Sterne-Restaurant richtig einzusetzen.

Vorbei also die Zeiten, in denen Männer damit zufrieden sein konnten, Mammuts zu jagen und in die richtige Höhle zurückzufinden. Seit der Steinzeit ist das Wissen der Menschheit geradezu explodiert und „Mann“ ist ja immerhin schon die halbe Menschheit. Ein bisschen was sollte man von ihm also schon erwarten können. Doch wozu den ganzen Mist im Kopf haben, wenn man sich auch ein Buch ins Regal stellen kann? Ob Candle-Light-Dinner, Schraubenzieher-Set, Eifersucht, Flirten oder Vorsorgeuntersuchungen: Irgendwann kann man zwar alles brauchen, aber nichts davon immer.

Dieses Sammelsurium umfasst Informationen, von denen Männer bisher meist nicht einmal wussten, dass es sie überhaupt gibt, geschweige denn, dass sie diese benötigen. Wichtige sowie überflüssige Tipps neben nützlichem und unnützem Wissen zu allem, was Männer bewegt – Frauen, Sex, war da nicht noch was? – helfen beim Überleben. Denn

Wissen ist Macht und nichts wissen macht zwar nichts, macht aber eben leider auch weniger Spaß.

Viel Spaß also beim Schmökern und Schlauwerden!

Jon Van Altenaar, Hilversum 2007

1. Wie geht ein Candle-Light-Dinner?

Kerzen an, essen, fertig!

Eigentlich werden Candle-Light-Dinner vollkommen überbewertet: Du sitzt im Halbdunkeln und kannst die Speisen auf deinem Teller kaum erkennen, geschweige denn die Frau, die dir gegenübersitzt. Billige Kerzen rauben dir mit ihren Paraffin- und Aroma-Düften Atem und Geschmackssinn. Und am Ende kannst du auch noch froh sein, wenn das Ganze nicht zu einem Großeinsatz der örtlichen Feuerwehr führt.

Und dennoch: Vergiss die objektiven Rahmenbedingungen, denn wenn du deine Liebste mit einem Candle-Light-Dinner überraschst, wird sie auf jeden Fall begeistert sein. Über ein romantisch-festliches Abendessen freuen sich nämlich dreimal so viele Frauen wie über eine neue Espressomaschine. Und immerhin noch doppelt so viele würden eher auf edles Parfum oder elegante Dessous verzichten als auf ein Essen bei Schummerbeleuchtung.

Hier ein paar Tipps für ein reibungsloses Candle-Light-Dinner:

- Verzichte auf Duftkerzen! Sollte deine Eroberung mit einem allergischen Schock reagieren, ist der Abend versaut und nur der Notarzt kann ihr dann noch so richtig nahekommen.
- Stabile Kerzenständer haben schon mehr Häuser gerettet als das Amt für Denkmalschutz. Schau lieber zweimal nach, ob die „Basis“ für den Abend stimmt.

- Romantik ist etwas ganz Intimes – da sollte man unter vier Augen bleiben. Also Schild an die Tür „Kinder, Eltern, Freunde und Hausierer müssen draußen bleiben!“. Schalte Telefon und Handy aus und häng ein dickes Handtuch über die Türklingel.
- Da hundertprozentige Überraschungen zu 99 Prozent schiefgehen, solltest du deine Angebetete vorwarnen. Erwähne nur, dass abends eine kleine Überraschung auf sie wartet, das steigert die Vorfreude und mindert das Risiko, dass sie abends Freundinnen oder Überstunden mit nach Hause bringt.
- Du musst kein Fünfsternemenü auf den Tisch bringen, aber das Essen sollte schon etwas stilvoller sein als Tiefkühl-Pizza. Katastrophen-Köche bestellen das Essen besser gleich auswärts und füllen es zu Hause nur noch in schönes Geschirr. Cocktailtomate drauf, fertig.
- Zur richtigen Atmosphäre gehören nicht nur Kerzen, sondern auch ein schön gedeckter Tisch mit ein paar Blumen – Rosen natürlich, ist doch klar!
- Der richtige Sound rundet den Abend harmonisch ab. Punkrock passt nur im Ausnahmefall, besser Mozart, Chopin oder wenigstens die Rock-Balladen aus dem Tchibo-Sortiment.

Wenn am Ende alles perfekt ist, versau es dann bloß nicht. Ob große Koalition oder Linkspartei, ob Todesstrafe oder nicht, ist doch alles Quatsch. Konzentriere dich lieber auf das Wesentliche: das Wetter, ihren Lieblingsschauspieler oder das neue Cut-and-Go-Angebot ihres Friseurs …

Quelle: frauenportal.net

2. Wie viele Ferrarifahrer gibt es in Deutschland?

Ein Ferrari gilt nach wie vor als das Accessoire der Reichen und Schönen. Die Designs von Pininfarina, Scaglietti, Bertone und Vignale für Ferrari machen die Kisten zu einer wahren Augenweide. Pro Jahr werden knapp 4 000 Fahrzeuge gebaut (2005).

Aber wie viele Ferrarifahrer gibt es nun in Deutschland? Eine einfache Frage, könnte man meinen, aber weit gefehlt. Nur zugelassene Ferraris? Menschen, die mal mit einem Ferrari gefahren sind? Zählen auch Fahrerinnen? Fragen über Fragen ...

Und hier die Antworten:

- In Deutschland zugelassene Ferraris: 7 070. Das ist nicht viel. Beispielsweise gibt es in Deutschland über 130 000 Porsches.
- Im Augenblick fahrende Ferrarifahrer: Logischerweise nur eine Schätzung, die abhängt vom Wetter, der Jahreszeit und von der Fähigkeit, gut zu raten. Heute, an einem heißen Sommertag: ca. 3 374.
- Ferrarifahrerinnen: Auch nur eine Schätzung, aber eine, die immerhin auf einer Umfrage bei einem Ferrarihändler beruht: 1 400.
- Leute, die behaupten, einen Ferrari zu fahren: Nach einer hochgerechneten Stichprobe rund eine Million.
- Schon mal Ferrari gefahren: rund 20 000.
- Schon mal mit Lolo Ferrari gefahren: etwa 50.

- Deutsche Ferrarifahrer in der Formel 1: Nachdem Michael Schuhmacher abgetreten ist, eigentlich keiner mehr. Aber das Spyker F1 Team (der Nachfolger des traditionsreichen Jordan Teams), das ab 2007 unter niederländischer Flagge fährt, hat für die Formel-1-Saison 2007 einen Motorenvertrag mit dem Ferrari-Rennteam geschlossen. Und bei diesem Team sind zwei Deutsche dabei: Adrian Sutil (Stammfahrer) und Markus Winkelhock (Testfahrer). Also zwei.

Wenn dir Ferrari zu prollig ist, geht es natürlich auch deutlich exklusiver. In Deutschland sind zurzeit 3 058 Maseratis, 2 000 Morgans, 1 550 Rolls-Royce und nur 758 Aston Martins zugelassen.

Quelle: Stern Motor-Sport

3. Wie geht Logik?

Mit der Logik ist es so eine Sache; Frauen liegt sie angeblich fern. Aber was hat es wirklich mit ihr auf sich? Logik wird einerseits überschätzt, andererseits unterschätzt, so viel ist klar. Hier aber ein paar Facts:

- Wer hat's erfunden? Aristoteles (384-322), Schüler Platons und Lehrer Alexanders des Großen
- Logik ist die „Kunst des schlussfolgernden Denkens".
- Die klassische Logik beruht auf sogenannten Syllogismen: Aus zwei Aussagen wird auf eine dritte Aussage geschlossen. („Alle Menschen sind fehlbar. Sokrates ist ein Mensch. Also ist Sokrates fehlbar.")
- Logische Schlussfolgerungen sind nur dann wahr, wenn die Prämissen (Voraussetzungen) gegeben sind, denn sonst kommt Unsinn heraus: „Manche Frauen sind Hexen. Hexen können fliegen. Also können manche Frauen fliegen." Stimmt logisch einwandfrei – macht aber Flugzeuge nicht überflüssig.
- Logik ist heute viel komplizierter. Neben der klassischen Logik gibt es unter anderem: Modallogik, epistemische Logik, deontische Logik, Relevanzlogik, konnexe Logik und Fuzzy Logic.
- Einige der wichtigsten Logiker: Aristoteles, Gottlob Frege, Bertrand Russel, Kurt Gödel.

Wenn du dich wirklich für Logik interessierst, solltest du Philosophie und Mathematik studieren. Aber vielleicht sind dir ein paar praktische Anwendungen lieber? Bitte:

Mensch = Essen + Schlafen + Arbeiten + Genießen
Schwein = Essen + Schlafen
=> Mensch = Schwein + Arbeit + Genießen
Also gilt: Mensch - Genießen = Schwein + Arbeit
Mit anderen Worten: Menschen, die nicht genießen, sind Schweine, die arbeiten.

Oder Folgendes:

Mann = Leben + Geldverdienen
Frau = Leben + Schuhe kaufen
=> Frau = Mann - Geldverdienen + Schuhe kaufen
Wenn gilt: Geldverdienen = Arbeiten => Frau + Arbeit = Mann + Schuhe kaufen
Mit anderen Worten: Arbeitslose Männer, die Schuhe kaufen, sind Frauen, die arbeiten.

Du siehst: Mit der Logik kann man's weit bringen …

Quelle: Corpus Aristotelicum

4. Was finden Frauen an Männern sexy?

„Männer wollen eine schöne Frau, Frauen einen reichen Mann." Klischees sind für den ersten Überblick gar nicht mal so schlecht. Aber wer genauer hinschaut, merkt schnell, dass es auch ein paar Männer gibt, die Millionärinnen attraktiv finden, während es ja auch Frauen geben soll, die Brad Pitt oder Johnny Depp nicht nur wegen ihrer Kohle, sondern auch wegen ihres knackigen Popos sexy finden.

Und was sagt die Wissenschaft? Was finden Frauen an Männern wirklich sexy? Ganz klar:

- Jede zweite Frau in Deutschland legt Wert auf schöne Hände. (Tipp: Nach dem Wechseln des Vergasers kann man mit herkömmlichen Nagelfeilen ganz gut den Dreck unter den Fingernägeln entfernen. Also immer schön waschen, eincremen und wenn nix hilft, ab zur Maniküre ...)
- 34 Prozent der Frauen finden Männer, die beruflich erfolgreich sind, sehr sexy.
- 39 Prozent der Frauen zwischen 20 und 45 finden eine maskuline Figur wichtig (breite Schultern, schmale Taille, einigermaßen passable Körpergröße).
- Männer, die es schaffen, charmante Komplimente zu machen, können mehr als die Hälfte aller Frauen locker um den Finger wickeln. Aber bitte nicht nur: „Mensch, du hast aber schöne Augen"; lieber etwas echt Originelles sagen wie: „Mensch, du hast aber schöne grüne Augen. Die sind ja so grün, äh – wie der Bayerische Wald, gell?"

- Gerade mal 15 Prozent der Frauen finden Männer, die kochen können, sexy. Aber immerhin: 15 Prozent ist auch wieder nicht sooooo wenig.
- Nichts gegen Sixpack und Bizeps – was aber die Gesamtattraktivität betrifft, so entscheiden sich über die Hälfte der Frauen für ein „schönes Gesicht“: Nur 24 Prozent bewerten bei Männerfotos zuerst den Körper, 52 Prozent das Gesicht. Übrigens heißt „schönes Gesicht“ nicht unbedingt, dass dein Antlitz das perfekte Ebenbild von Michelangelos *David* sein muss: Notfalls tut's auch ein „interessantes“ Gesicht – schau einfach so irre wie Jack Nicholson in *Shining* oder so knatschig wie ein Englischer Bullterrier.
- Männerstimmen, die im Bereich von 120 Hertz ertönen, sind bei Frauen besonders angesagt. Was das heißt? Immer schön brummen wie der Petzibär und nicht zu schnell reden! Nasale Laute (wie reden mit verschnupfter Nase) solltest du hingegen meiden – so etwas mögen Frauen laut Umfrage nicht ... es sei denn, es handelt sich um Französinnen. Bei ihnen ist das Gequäke nämlich elementarer Bestandteil der Sprache. Und da Französinnen ja besonders gut im Bett sein sollen, solltest du dir das mit der Polypen-OP vielleicht doch noch mal überlegen ...
- Unvorstellbar, aber wahr: 33 Prozent der Frauen stehen auf Uniform! Also streich sämtlichen Ideenreichtum aus deinem Kleiderschrank und zieh dir einfach ne Uniform an. Doch Vorsicht: Die befragten Frauen (jedenfalls die zwischen 20 und 49) stehen fast ausnahmslos auf Flugkapitän- und Offiziersuniformen; mit Briefträger- und Feuer-

wehrmann-Outfit kommst du nicht halb so gut weg.

- 64 Prozent der Frauen legen Wert darauf, dass sie einen humorvollen, geistreichen Mann an ihrer Seite haben. Aber bitte keine Ironie, die versteht in Deutschland nämlich kein Mensch. Und auch frauenfeindliche Witze sind nicht so der Bringer. Die richtige Mischung ist ein bisschen Didi Hallervorden, etwas Stand-up-Comedian und ein ordentliches Repertoire an Klein-Fritzchen- und Lehrerinnen-Witzen.
- Mode-Entwarnung! Gerade mal 4 Prozent der Frauen finden, dass trendige Klamotten besonders sexy sind. Modebewusstsein ist also halb so wichtig. Wenn du humorvoll, gut trainiert, erfolgreich und cool bist, eine tiefe Stimme, schöne Hände, schwarze Löckchen und ein total interessantes Gesicht hast, darfst du auch in Gammeljeans und T-Shirt mit auf die Party. Die anwesenden Damen werden dich dann trotzdem supersexy finden …

Quelle: Lisa; *Men's Health*; University of Western Australia, Perth

5. Warum lieben Marder Motorkabel?

Diese Liebe ist eher lau. Ganz im Gegenteil leben zerstörungswütige „Automarder“ meist nur ihre Aggressionen an den Kabeln aus.

Der Marder landet übrigens nur in deinem Auto, weil er sich inzwischen erfolgreich an die Zivilisation gewöhnt hat. Weil sich aber in Beton so schlecht Höhlen graben lassen, macht er es sich gerne auch mal im Motorraum gemütlich. Der dient ihm dann als Nahrungsversteck, Rastplatz und manchmal sogar als Kinderstube. Oft bekommt das der Autobesitzer gar nicht mit, denn der Marder ist eigentlich ein eher ruhiger Untermieter: Er geht nur in der Dämmerung auf Beutefang und verpennt den größten Teil des Tages.

Bissschäden an Schläuchen, Kabeln und am besonders beliebten Dämmmaterial kommen vor allem dann vor, wenn der Marder aus Neugier an all den interessanten Dingen seines neuen Unterschlupfs herumknabbert oder wenn Jungtiere beim Herumtollen etwas übertreiben – aber das kennt man ja auch vom eigenen Nachwuchs … Diese Schäden sind aber eher selten; und es sind auch keine schweren Schäden.

Problematisch wird die Sache erst, wenn ein zweiter Marder ins Spiel kommt. Wie viele andere Wildtiere auch markieren Marder nämlich ihr Revier und so natürlich auch ihren Unterschlupf. Wenn dein von Marder A bewohntes Auto nun unerwartet Besuch von Marder B bekommt, reagiert dieser meist sehr aggressiv auf die schon vorhandenen

Duftspuren und lässt seine Wut auf den abwesenden Artgenossen ganz ungeniert am Innenleben deines Motorraums aus. Daher sind auch überdurchschnittlich oft die Autos von Marderschäden betroffen, die an der Grenze zweier Marderreviere geparkt sind oder zwischen Parkplätzen in verschiedenen Revieren pendeln. Besonders gefährdet ist das Auto außerdem im Frühjahr, wenn die Mardermännchen vor der Paarungszeit besonders aggressiv auf die Duftspur von Rivalen reagieren. Woher soll dein Haus-Marder auch wissen, dass sein Rivale in sicherer Entfernung von 70 km das Gebiet um deinen Arbeitsplatz unsicher macht?

Viele Theorien sind also Quatsch. So ist es beispielsweise nur ein Gerücht, dass sich der Marder aus Liebe zum Gummi an deinen Motorkabeln zu schaffen macht oder dass bestimmte Gummi-Mischungen ihn mehr anziehen als andere.

Was wirklich gegen Marder hilft, ist, das Auto in der Garage zu parken, obwohl viele Anti-Marder-Problemlösungen angeboten werden. Aber helfen die wirklich?

Klostein: Die Idee, dass sich das Vieh von dem chemischen Zeugs fernhält, kannst du voll vergessen.
Cayenne-Pfeffer: Leider hat der Marder auch nicht die geringste Abscheu gegen scharfe Speisen; oder zumindest nicht gegen Pfeffer.
Hunde- oder Menschenhaare: Klingt vernünftig – funktioniert aber überhaupt nicht.
Elektroschock- oder Ultraschall-Abwehrgeräte: Entweder billig und nutzlos oder teuer. Und auch dann … Ultraschall funktioniert selten.

Maschendraht unters Auto legen: So erstaunlich das klingt diese – einfache Methode ist ziemlich sicher. Aber mit umständlicher Bastelei verbunden.

Der ADAC empfiehlt außerdem nach einem Marderschaden eine Motorwäsche, damit nach der Reparatur der nächste Marder nicht gleich wieder auf eine störende Duftspur stößt und das Spiel von vorn beginnt …

Quelle: ADAC

6. Wie verwandelt Mann Bierbauch in Sixpack?

Um aus einem Waschtrommelbauch einen Waschbrettbauch zu machen, muss an zwei Fronten gekämpft werden: erstens bei der **Ursachenbekämpfung** und zweitens beim **Training**.

Die **Ursachenbekämpfung** erfordert oft die größere Überwindung. Essen lecker, Bier schmeckt – Waschbrettbauch ade. Schritt eins in der Bierbauch-Bekämpfung ist daher: weniger futtern und vor allem weniger Alkohol, insbesondere Bier (siehe S. 47).

Das **Training** mag manchem hingegen wie ein Klacks vorkommen: Mach einfach jeden Tag 100 Sit-ups und schon kannst du dem Sixpack beim Wachsen zusehen! Sich aber 100 Sit-ups pro Tag vorzunehmen ist wesentlich einfacher, als diese auch zu machen. Und um gleich mit einem Gerücht aufzuräumen: Nicht allein durch Sit-ups wird das Fett am Bauch in Muskeln umgewandelt, denn Training baut Muskeln auf, Fressen baut Fett auf und man kann beides gleichzeitig tun! Du kannst also enorme Bauchmuskeln und einen ebensolchen Bauch haben. Und selbst ohne Fettpolster: Kräftige Bauchmuskeln machen noch keinen Waschbrettbauch. Also, wenn du es wirklich ernst meinst, ein paar Tipps:

1. Täglich mindestens dreimal Sit-ups machen, bis es nicht mehr geht.
2. Sicher willst du nicht durch den Waschbrettbauch einen Rückenschaden bekommen: Achte also darauf, dass dein Blick während der Sit-ups

gerade nach oben zur Decke gerichtet ist, der untere Rücken in Kontakt mit dem Boden bleibt und dass du die Bauchmuskeln auch zwischen den einzelnen Sit-ups leicht anspannst.

3. Und das Wichtigste, damit sich auch – geduldiges Trainieren vorausgesetzt – ein Waschbrettbauch bildet: unbedingt ausatmen und Bauch einziehen, bevor du die Aufwärtsbewegung beim Sit-up machst! So werden die richtigen Muskeln trainiert und der Bauch kommt langsam in Form.
4. Trainiere auch mental. Das heißt: Denk nur an das tolle Endergebnis. Mach dir ein Bild davon. Mach ein Foto von deinem Bauch in seiner jetzigen Form, damit du Fortschritte erkennen kannst. Klebe abschließend das Foto neben das eines Mannes mit Waschbrettbauch.

Und noch etwas: Mach das Ganze um Himmelswillen nicht, um Frauen zu beeindrucken. Die meisten finden einen Waschbrettbauch nämlich weniger erotisch als ein Minibäuchlein.

7. Wie killt man innere Schweinehunde?

Das Rauchen aufgeben, weniger essen, sich mehr bewegen oder endlich an der eigenen Karriere arbeiten – all das sind beliebte Ziele des inneren Schweinehunds, der uns ein ums andere Mal davon abhält, all die guten Absichten auch wirklich in die Tat umzusetzen. Der Mensch ist nun mal ein Gewohnheitstier, und der innere Schweinehund, die Sau, ist der perfekte Hüter dieser ewigen Stagnation – ein echter Höllenhund mit mindestens drei Köpfen, von denen jeder einzelne uns stets neue Ausreden einflüstert. Doch auch ohne Jagdlizenz und scharfe Munition kannst du deinem inneren Schweinehund zu Leibe rücken.

Hier sind sie – die besten Schweinehund-Killer:

- Setz dir erst einmal kleine, leicht zu verwirklichende (Teil-)Ziele und steigere dich dann langsam, indem du dir nach und nach höhere setzt.
- Konzentriere dich auf konkrete, erreichbare Vorhaben und Ziele, an denen dir wirklich etwas liegt. Setze dir unbedingt einen Zeitrahmen und Kriterien, anhand derer du das Erreichen deines Ziels klar festmachen kannst.
- Verbinde dein Vorhaben mit einem positiven Gefühl, indem du dir gleich zu Beginn vorstellst, wie toll es ist, wenn du es endlich geschafft hast, wie dich alle dafür bewundern werden und wie gut du dich dann fühlst.

- Such dir Mitstreiter, die dasselbe Ziel haben. Was bei den Anonymen Alkoholikern oder den Weight-Watchers zum Erfolg führt, funktioniert auch bei anderen Zielen: Gemeinsam macht es einfach mehr Spaß!
- Bring deinen inneren Kritiker zum Schweigen: Wenn dem inneren Schweinehund nichts Besseres mehr einfällt, quält er dich mit Kritik à la „Das schaffst du ja eh nicht …“. Wehr dich dagegen mit einem trotzigen „Das werden wir schon sehen!“. So kannst du sogar zusätzliche Kräfte aktivieren.

8. Was hilft wirklich bei Potenzproblemen?

Was tun, wenn Mann im Bett schwächelt? Statt zu Viagra zu greifen (teuer, Nebenwirkungen, nur mit Arztbesuch zu empfehlen), lieber auf die guten alten Aphrodisiaka bauen? Warum nicht: Die sind zumindest nach der griechischen Liebesgöttin Aphrodite benannt – und das ist doch schon mal was. Ob als Aufguss, in Kapselform, als Massageöl, Pülverchen oder gar im Suppenteller: Aphrodisiaka wecken den sexuellen Appetit, beleben die Libido und/oder steigern das Lustempfinden.

Wissenschaftler vermuten ja, dass viele der Aphrodisiaka nur aufgrund des Placebo-Effekts wirken. Doch was soll's: Wenn der Glaube schon Berge versetzen kann, dann wird er wohl auch den schlappen Johannes wieder fit kriegen, oder? Und hier sind sie, die besten Aphrodisiaka:

- All die leckeren Klassiker, auf die sich die Sache mit den versetzten Bergen wohl am ehesten beziehen dürfte … Sie sind aber trotzdem einen Versuch wert, denn irgendwo muss der Mythos ja herkommen. Also: fleißig Trüffel, Schokolade, Austern, Spargel und Stierhoden (oder wenigstens Eier aus dem Bioladen) essen.
- Maca (*Lepidium meyenii*): Schon die Inkas nahmen das Rettichgemüse aus den Anden zu sich. Chinesische Forscher haben inzwischen bei Probanden tatsächlich eine Erhöhung der Spermienzahl festgestellt. Die Knolle kann entweder ge-

kocht, gebraten oder zu Pulver zerrieben und in den Drink gemixt werden. Mäuse sind auf jeden Fall begeistert: Im Labor entwickelten sie eine dreimal so starke sexuelle Aktivität – wobei, was sollen die Nager auch sonst den ganzen Tag machen …

- Ginseng (*Panax ginseng*) ist in China seit 5 000 Jahren **der** Potenz-Klassiker. Anfangs durften nur staatlich anerkannte Kaiser an der Wurzel knabbern heute darf das jeder Depp. Die Saponine *Panaquilon*, *Panaxapogenol*, *Panacen* und *Panaxin* (alles klar?) regen Drüsenfunktion, Stoffwechsel, Hirn, Herz und eben auch Schniedelwutz an – das Zeug scheint also ein echter Jungbrunnen zu sein! Die Empfehlung aus Fernost: Ab dem dreißigsten Lebensjahr am besten täglich einnehmen roh, als Tee oder als Kapseln.
- Yohimbe (*Corynanthe yohimbe*) wird in Afrika seit Menschengedenken als Aphrodisiakum geschätzt. Deutsche Kaufleute berichteten schon vor 150 Jahren von Häuptlingen, die nach dem Verzehr ihre Rituale mit Dauerständern vollführten. Der Wirkstoff *Yohimbin* ist durch wissenschaftliche Experimente eindeutig belegt. Das enthaltene Alkaloid wirkt gefäßerweiternd und versetzt den Rezeptoren der Sexualzentren einen Kick – drei- bis vierstündige Erektionen sind da kein Einzelfall. Leider genauso häufig wie epileptische Krämpfe, hoher Blutdruck, Herzrasen oder Sauerstoffmangel. Die Liebesfreuden könnten also von kurzer Dauer sein! Ähnlich wie bei Viagra gilt daher: Erst zum Arzt, und dann auf die Matte!

- Muira Puama (*Ptychopetalum olacoides*) stammt aus Brasilien und führte bei Erektionsgestörten innerhalb von 14 Tagen zu deutlichen Erfolgen – das behaupten jedenfalls französische Sexualforscher. Obwohl das „Potenzholz" im Regenwald schon ewig als Lust-Pusher bekannt ist, wird es bei uns immer noch vorwiegend als Nerventonikum verkauft. Macht aber nichts: einfach zwei bis drei Esslöffel davon eine Viertelstunde lang in 300 ml Wasser köcheln lassen, abseihen und mindestens eine halbe Stunde, bevor es ernst wird, trinken. Willst du die Wirkung noch erhöhen, trinkst du noch ein Schnäpschen dazu. Traditionell wird das Zeug übrigens in den Penis einmassiert (nicht der Schnaps, der Wurzelsud natürlich!). Und die Nebenwirkungen? Mehr Energie, besserer Schlaf und gehäufte Morgenerektionen – mit so etwas kann Mann doch leben, oder?
- Viagra bekommt übrigens Konkurrenz: PT-141, so die vorläufige Bezeichnung, soll 2008 auf den Markt kommen. Die Hormontablette soll sowohl Männer als auch Frauen erotisch in Schwung bringen und „intensive Lust" wecken. Die amerikanische Zulassungsbehörde hat die letzten Phase der Erprobung bereits eingeläutet – also abwarten und (Rot-)Wein trinken: Dessen Inhaltstoffe sollen nämlich ebenfalls potent machen. Doch Vorsicht: Das gilt nur bei richtiger Dosierung und das sind gerade mal ein bis zwei Gläser Wein täglich.

Und was kannst du sonst noch für dauerhaftes Stehvermögen tun?

- Iss nicht ständig Burger und Pizza! Eine gute Vitamin- und Mineralienzufuhr, hochwertiges Eiweiß und mäßig Fett und Kohlenhydrate – all das hält dich und auch den Kleinen gesund.
- Runter vom Sofa! Laut US-Studie verdoppelt sich das Impotenz-Risiko bei Männern, die den ganzen Tag herumsitzen. Bei einer Untersuchung von mehr als 2 000 Männern waren Bewegungsmuffel doppelt so oft impotent (23 Prozent) als jene, die auch mal die Joggingschuhe anziehen (nur gut 10 Prozent). Da Erektionsschwäche oft mit Problemen der Herzkranzgefäße und/oder Diabetes zusammenhängt, schützt Sport indirekt gegen erektile Dysfunktion.
- Trainiere die Beckenbodenmuskeln! Das hilft nicht nur Schwangeren, sondern auch Männern, die Frauen gerne mal wieder schwanger machen würden. Also: dreimal täglich je zehnmal kräftig den Arsch zusammenkneifen, statt ihn irgendwann in punkto Erotik ganz einziehen müssen …

Ach, und noch ein einfaches Mittel zur Potenzsteigerung soll es geben: Junge Frauen in knapper Unterwäsche …

Quellen: *Ärzte Zeitung*; *Die Welt*; *Men's Health*

9. Womit kann Mann heute noch Geld verdienen?

Der Alt-Bundeskanzler Helmut Schmidt meinte einmal, dass Minister der bestbezahlte Beruf sei, den ein Ungelernter ausüben könnte. Das stimmt auch heute noch. Schon als Hinterbänkler im Bundestag würdest du derzeit 7 009 Euro plus 3 720 Euro Kostenpauschale verdienen. Das würde dir durchaus „einen dem Amt angemessenen Lebensstil“ erlauben. Als Minister darf’s dann noch etwas mehr sein.

Börsenhändler ist aber doch noch deutlich lukrativer. John Arnold kassiert pro Tag durchschnittlich acht Millionen Dollar oder umgerechnet sechs Millionen Euro. Im vergangenen Jahr summierte sich Arnolds Verdienst auf insgesamt 1,5 Milliarden Euro. James Simons – ein Kopf-an-Kopf-Rennen – kam auf etwa dieselbe Summe. In der Liste der Top 10 der bestbezahlten Börsenhändler finden sich noch drei andere, die weit mehr als eine Milliarde Dollar kassieren. Das Gehalt der übrigen Top-Verdiener liegt zwischen 600 und 900 Millionen Dollar.

Auch Manager und Vorstandsvorsitzende müssen nicht wirklich darben. Die paar Millionen, die in Deutschland zu verdienen sind, sind für US-Vorstände allerdings eher Peanuts. Steve Jobs, der Chef von Apple, hatte zunächst das kurioseste Gehaltsniveau, indem er gleichzeitig das niedrigste und höchste Einkommen hatte. Sein Grundgehalt betrug einen Dollar, doch durch die Umwandlung von Aktienoptionen nahm er weitere 647 Millionen Dollar ein. Sein Kollege Ray R. Irani musste sich mit lächerlichen 322 Millionen begnügen. Dritter war Barry Diller vom Internetunternehmen InterActiveCorp (295 Millionen Dollar), Vierter William P. Foley II vom Versicherungsunternehmen Fidelity National Financial (180 Millionen Dollar), gefolgt von Yahoo-Chef Terry S. Semel (174 Millionen Dollar).

Und dabei muss es ja nicht bleiben. Schließlich wird alles teurer. Deshalb sind die Managergehälter im vergangenen Jahr um 38 Prozent gestiegen. Im Schnitt verdient diese Berufsgruppe 15,2 Millionen Dollar pro Jahr.

Die bestbezahlten Schauspieler und Musiker können da ganz gut mithalten:

- Tom Cruise: 360 Millionen Dollar
- Johnny Depp: 92 Millionen Dollar
- Prince: 56 Millionen Dollar
- Sir Elton John: 43 Millionen Dollar
- Ben Stiller: 38 Millionen Dollar
- Jimmy Buffet: 36 Millionen Dollar
- Rod Stewart: 35 Millionen Dollar
- Will Smith: 31 Millionen Dollar
- Adam Sandler: 30 Millionen Dollar

Du willst aber gar nicht Börsenmakler werden? Keiner will dich als Manager? Die Schauspielerei liegt dir nicht und dein Singen fällt schon den Nachbarn auf die Nerven? Wie wär's dann mit dem Arztberuf? Aus dieser Richtung vernimmt man zwar endloses Jammern, doch die Zahlen zeigen, dass die Heilkunst nicht wirklich an den Bettelstab führt:

- Niedergelassene Ärzte hatten 2003 einen durchschnittlichen Umsatz von 202 588 Euro.
- Nach Abzug der Praxiskosten blieb im Westen je Arzt ein Überschuss von durchschnittlich 84 976 Euro.
- Dieses Bruttoeinkommen wurde noch um die Einnahmen aus der Behandlung von Privatpatienten ergänzt, wobei diese Einkünfte in der Regel die Einnahmen aus der Versorgung von Kassenpatienten übersteigen.
- Das heißt, in der Regel kommen schon über 10 000 Euro im Monat zusammen.

Wirklich toll ist das natürlich nicht, wenn man diese Summe mit dem Einkommen von John Arnold vergleicht. Ein Arzt müsste etwa 1 000 Jahre arbeiten (und dabei nichts ausgeben), um auf dessen Jahresverdienst zu kommen …

Unter den Angestellten führen übrigens ebenfalls die Ärzte die Gehaltliste an. Hier ein paar Gutverdiener dieser Art von Beschäftigungsverhältnis:

- Arzt (Uni): bis 5 341 Euro
- Hochspannungsbetriebsleiter (Uni): bis 4 464 Euro
- Bilanzbuchhalter (Uni): bis 4 117 Euro
- Rechnungsprüfer (Uni): bis 4 205 Euro
- Kaufmännischer Angestellter (FH) im Bauhauptgewerbe: bis 4 426 Euro
- Bohrfacharbeiter (ungelernt): bis 2 809 Euro

Fazit: Wenn du wirklich Kohle machen willst, musst du dich schon mit einer exzellenten Geschäftsidee selbstständig machen. Dann ein paar Jahre extrem hart arbeiten, dann die erste Million an der Börse investieren – so kannst du unter die echten Topverdiener kommen. Oder von vorn anfangen.

Quellen: WSI Tarifarchiv; Forbes; *Trader Monthly*; Veröffentlichungen des Bundestags

10. Wer hat am meisten Spaß im Bett?

Das, was Spaß macht, ziehen wir gerne mal unnötig in die Länge. So wäre auch ein Männerabend schließlich in einer Stunde abgehakt, dauert aber meist die halbe Nacht. Daher können wir wohl davon ausgehen, dass das auch für sexuelle Freuden gilt: je länger, desto besser ... Na dann mal ab nach Afrika:

- In Nigeria dauert das Liebespiel im Schnitt 24 Minuten.
- In Griechenland nimmt man sich auch gerne Zeit fürs Wesentliche – nämlich 22 Minuten und ein paar Sekunden. Ob's an der Hitze liegt oder eher am Knoblauch, weiß keiner. (Der soll ja, wenn schon nicht fürs Flirten, so doch sehr gut für die Potenz sein.)
- Auch in Brasilien, Italien und Mexiko verbringen Paare mindestens 20 Minuten im Liebestaumel – auch in diesen Regionen ist es ja ziemlich heiß. Und dennoch: Für die Theorie „Mehr Sex in heißen Ländern“ gibt es auch Gegenbeispiele:
- Die Inder sind schon nach rund 13 Minuten fertig – da helfen hohe Außentemperaturen, Tantra und Kamasutra scheinbar auch nicht weiter.
- Und wir? Nach nicht ganz 18 Minuten geht den Deutschen im Bett die Luft aus. Nicht toll, aber auch keine Katastrophe, das liegt nämlich nur knapp unter dem internationalen Durchschnitt.

Quelle: Durex-Report 2007

11. Wie funktioniert „Romantik“?

Nur weil Rosamunde-Pilcher-Verfilmungen auf der Hitliste der meisten Männer gleich nach der Wurzelbehandlung beim Zahnarzt kommen, bedeutet das noch lange nicht, dass wir keinen Sinn für Romantik haben. Romantik steht für all das, was gefühlvoll, wunderbar, märchenhaft, idealistisch und fantastisch ist. Also im offenen Aston Martin die Côte d'Azur entlang gleiten. Mit der jungen Sophia Loren auf einer einsamen Insel stranden. Oder mit dem Regionalliga-Verein den DFB-Pokal abräumen. Es ist ein ungerechtes, sexistisches Vorurteil, dass wir Männer keinen Sinn für Romantik haben – er ist bei uns nur ein bisschen anders als bei Frauen.

Und dennoch: Ab und zu kommt jeder von uns mal in die Lage, den (aus weiblicher Sicht) Romantiker geben zu müssen. Dafür musst du einfach nur in die richtige Trickkiste greifen. Die klassischen Requisiten für einen romantischen Abend sind rote Rosen oder Rosenblätter in rauen Mengen und ein Kerzenmeer. Da sie aber a wie abgegriffen sind und sie für b wie böse Überraschungen mit kratzigen Dornen bzw. ungeplanten Feuerwehreinsätzen sorgen können, klappt es mit dem Romantik-Feeling besser, wenn du auf weniger abgedroschene Strategien zurückgreifst:

1. Öffentliche Liebeserklärung via Plakatwand, Flugzeug-Banner, ganzseitige Zeitungsanzeige oder von der Bühne eines Rock-Konzerts herab. Ist zwar nicht neu, schlägt aber immer wieder voll ein.

2. Ein perfekt geplanter Ausflug zu zweit in ein „romantisches“ Restaurant, Hotel oder notfalls auch Rosamunde-Pilcher-Landhaus.
3. Ein Candle-Light-Dinner an einer besonderen Location; beispielsweise nachts im Park, am Strand oder an einem Seeufer.
4. Die Erfüllung eines Herzenswunsches arrangieren, den sie bis jetzt für unerfüllbar hält – beispielsweise ein Treffen mit ihrem (weiblichen!) Lieblingsstar oder ein Wiedersehen mit ihrer Freundin aus Kindertagen.

Wenn dir das alles too much ist, kannst du dir ja immer noch einen Rosamunde-Pilcher-Film mit ihr ansehen und anschließend ein Glas Wein trinken – auch das findet sie „romantisch“. Aber hüte dich vor ironischen Kommentaren!

12. Wie viel Sex ist normal?

Weniger, als Mann meinen sollte: Laut einer Durex-Umfrage aus dem Jahr 2006 hatte der durchschnittliche Deutsche in diesem Jahr 103-mal Sex, also genau zwei Mal pro Woche. Lust auf Sex haben wir dagegen im Durchschnitt 250 Mal pro Jahr, was fast fünf Mal pro Woche entspricht. 40 Prozent der Deutschen gaben sogar an, mindestens einmal täglich Lust auf Sex zu haben. (Bei den Männern ist es sogar mehr als jeder Zweite – dass wir alle drei Minuten an Sex denken, ist aber doch ein Märchen ... Zum Glück gibt es dann ja auch noch Autos und Fußball.)

Und was sagt uns das?

Offensichtlich ist es normal, nicht so oft zum Zuge zu kommen, wie Mann das gerne möchte. Kein Wunder, wenn für fast jede zweite Frau das Ausgehen mit Freunden wichtiger ist als der Sex. Ja, du hast richtig gelesen! Andersrum würden aber 96 Prozent der befragten Männer zugunsten des Liebesspiels auf eine Fußballübertragung im Fernsehen verzichten. Damit sollte jetzt eindeutig klar sein, wer an der Flaute in deutschen Betten wirklich schuld ist, wobei die Zahlen nur belegen, was wir eigentlich immer schon wussten.

Und wenn deine Liebste sich mal wieder darüber beschwert, dass es doch nicht normal sein kann, dass du schon wieder versuchst, sie zu verführen, dann kannst du ihr jetzt schwarz auf weiß das Gegenteil beweisen – Durex sei Dank.

Quelle: Durex-Local-Report

13. Wie geht Verständnis?

Verständnis ist laut Duden „die Fähigkeit, etwas zu verstehen“ oder „jemanden zu verstehen“: aber Frauen? Ein richtiger Mann muss zwar nicht unbedingt ein Frauenversteher sein, sollte aber die Fähigkeit besitzen, einen zu simulieren. Und das geht so:

Fünf Dinge, die ein Frauenversteher unbedingt draufhaben sollte:

1. Er schafft es irgendwie, die Klappe zu halten.
2. Er nickt kontinuierlich mit dem Kopf und brummt monoton in unregelmäßigen Abständen „Hmhm“.
3. Er sagt Sachen wie: „Oh ja, das kenne ich ja soo gut!“.
4. Er kann Vernunft und Logik abschalten.
5. Er schafft es, Schwächen und Notsituationen schamlos auszunutzen. Zum Beispiel so: „Ich merke schon: Du bist voll gestresst. Wahrscheinlich würde dir jetzt eine kleine Massage guttun, stimmt’s? Soll ich schon mal das Öl holen?!“.

Und hier noch die fünf wichtigsten Regeln für den echten Frauenversteher:

1. Beiß dir notfalls auf die Lippen! Frauen reden gern; das ist ihre Form der Problemlösung. Gib keine Ratschläge, sondern höre einfach zu.

2. Versuch bloß nicht, etwas logisch erklären zu wollen. Das gilt als gefühllos. Sprich über deine Gefühle!
3. Frauen fühlen sich verstanden, wenn du immer wieder einmal „verständnisvoll“ mit dem Kopf nickst und „ich verstehe“ sagst. (Ob du wirklich etwas verstehst, ist dabei halb so wichtig.)
4. Mach Komplimente, egal, wie absurd sie sind. Daran erkennt Frau, dass du ihr innerstes Wesen verstehst.
5. Wenn du gar nicht weißt, worüber du reden sollst, sprich über Kinder!

14. Hilft Ginkgo dabei, mich an ihren Geburtstag zu erinnern?

Wie war noch mal die Frage? Ach so, nein, leider nicht wirklich.

Ginkgo verbessert zwar die Gedächtnisleistung und das Lernvermögen, weil er die Durchblutung des Gehirns und damit dessen Versorgung mit Sauerstoff und Nährstoffen fördert und die Nervenzellen schützt. Daher werden Ginkgo-Extrakte (dreimal täglich je 40 mg Trockenextrakt) unter anderem dazu eingesetzt, der altersbedingten Vergesslichkeit in späteren Lebensjahren vorzubeugen.

Ein allgemein besseres Gedächtnis bedeutet aber noch lange nicht, dass du dich auch zuverlässig an einen konkreten Termin wie ihren Geburtstag erinnerst. Um das Gedächtnis zu verbessern hilft nur eins: üben. Und zwar richtig. Das heißt:

- Verbinde Erinnerungen immer mit möglichst vielen verschiedenen Sinneseindrücken.
- Mal dir eine kleine Geschichte zu dem aus, an was du dich erinnern willst.
- Üben, üben, üben …

Aber mal ehrlich: Um dich an ihren Geburtstag zu erinnern, brauchst du das nicht. Dazu reicht auch ein simpler Kalender, dein Handy (Du kannst dort in der Regel einstellen, dass du jedes Jahr durch einen Piepton an ihren Geburtstag erinnert wirst.) oder der Computer (Organizer, E-Mail-Programm). Aber ob Kalender, Handy oder Rechenmaschine: Denk daran, dir schon drei Tage vor dem Ereignis Eintragungen zu machen. Denn wenn dein Handy dich daran erinnert, dass sie Geburtstag hat, während sie gerade weint, weil du es vergessen hast, ist es zu spät und du hast wieder mal alles verpennt.

15. Wie fälle ich einen Baum?

Einfach mit der Axt losziehen und mal probieren, wie's geht, funktioniert nur, wenn du Extremsportarten liebst und dem Tod gern ins Auge siehst – oder wenn der betreffende Baum noch nicht mal Weihnachtsbaumhöhe erreicht hat. Holzfäller ist nicht ohne Grund einer der letzten Risiko-Berufe des 21. Jahrhunderts (ja, es gibt diesen Beruf tatsächlich noch), denn einen Baumstamm auf den Kopf verträgt nicht mal der stärkste Dickschädel.

Das Wichtigste beim Baumfällen ist daher die Vorbereitung: Überlege dir gut, in welche Richtung der Baum fallen soll, wo er auf keinen Fall landen darf und wie du im schlimmsten Fall schnell aus dem Gefahrenbereich sprinten kannst. Weiterhin brauchst du nicht nur eine Motorsäge, eine Axt oder eine Säge, sondern auch einen Vorschlaghammer und einen Keil. Also los:

- Zuerst die Äste im unteren Bereich des Stammes entfernen.
- Schlage dann auf der Seite, auf die der Baum fallen soll, eine Fallkerbe, die 1/5 bis 1/3 des Stammdurchmessers tief sein sollte.
- Von der gegenüberliegenden Stammseite her wird waagerecht der Fällschnitt angebracht. Er verläuft einige Zentimeter höher als die Unterkante der Fallkerbe. Der Stamm wird dabei noch nicht durchgesägt: Zwischen Fällschnitt und Fallkerbe sollte eine Bruchleiste von mindestens 1/10 des Stammdurchmessers stehen bleiben.

- Schlage den Keil ein, bis der Baum fällt. Vorher alle neugierigen Zuschauer aus dem Fallbereich vertreiben (ca. doppelte Baumlänge rundum) und beim Fällen darauf achten, dass sich der Stamm auch wirklich in die richtige Richtung bewegt – sonst ist Rennen angesagt …

Bei Bäumen, die in schwierigem Gelände oder direkt neben Nachbars neuem Gartenhäuschen stehen und/oder höher als drei Meter sind, solltest du schon gründlich darüber nachdenken, ob nicht ein (versicherter) Fachmann besser wäre.

16. Macht Bier wirklich einen Bierbauch?

Du trinkst gern Bier? Da bist du in Deutschland genau richtig. Wir sind immerhin Vize-Weltmeister im Biertrinken. (Nur die Tschechen zischen noch mehr Bier.) Du schaust aber auf deinen Bauch und machst dir Sorgen, ob das Bier vielleicht zur Wölbung beiträgt? Da bist du nicht allein.

Dass Gerstensaft dick macht, ist wahrscheinlich das am weitesten verbreitete Vorurteil zu Bier – daher ist ja auch von einem „Bierbauch" die Rede. Wenn wir mal die Kalorien von Bier mit denen anderer Getränke vergleichen, leuchtet das nicht so ganz ein:

Bockbier	600 kcal/l
Weißbier	460 kcal/l
Lager	440 kcal/l
Pils	420 kcal/l
Limonade	450 kcal/l
Milch	680 kcal/l
Traubensaft	740 kcal/l
Wein	770 kcal/l
Sekt	800 kcal/l

Nur Mineralwasser, Kaffee und Tee haben weniger Kalorien als Bier. Warum also sollte gerade Bier dick machen? Nun, ein Körnchen Wahrheit steckt schon in dem Vorurteil gegen Bier. Möglicherweise sind es sogar zwei.

1. Bier enthält natürlich Kalorien, und wenn du diese Kalorien **zusätzlich** zu dir nimmst, gibt es selbstverständlich einen Kalorienüberschuss. Aber das gilt natürlich auch für jedes andere Nahrungsmittel! Wenn du zusätzlich zu deinem gewohnten Essen immer einen halben Liter Milch trinkst, bekommst du einen „Milchbauch".
2. Bier regt den Appetit an. Wenn du auf dein Gewicht achten willst, darfst du dich nicht nach dem Biergenuss dazu hinreißen lassen, einen Schweinebraten hinterher zu schieben.

Bier selbst macht also nicht dicker als andere Getränke – und der „Bierbauch" gehört ins Reich der Legende.

Quellen: Brewers of Europe; *Bier-Report*; *British Medical Journal 303, 1991*

17. Wie geht Nassrasieren ohne Pflaster für hinterher?

Wer regelmäßig nach der Nassrasur den Erste-Hilfe-Kasten auspacken muss, sollte vielleicht doch über den Kauf eines idiotensicheren Elektrorasierers nachdenken. Oder sich die folgenden Tipps zu Herzen nehmen:

- Morgens rasiert es sich am leichtesten; eine halbe Stunde nach dem Aufstehen ist der Tonus der Gesichtsmuskulatur am höchsten und die Feinmotorik arbeitet auf vollen Touren.
- Lass dir Zeit beim Rasieren! Die meisten Verletzungen entstehen, wenn man hektisch und unter Zeitdruck mit dem Rasierer im Gesicht herumkratzt. (Zehn Minuten früher aufstehen hilft ...)
- Gut eingeweicht ist halb rasiert. Lass die Rasiercreme zwei bis drei Minuten einweichen, das macht die Barthaare weicher und sorgt dafür, dass sie sich aufrichten.
- Nur richtig scharfe Klingen rasieren auch sicher. Wechsele lieber zu oft als zu selten die Klinge. Nach zehn Rasuren ist eine Rasierklinge nur noch ein besserer Salathobel.
- Die richtige Technik macht's: Die Haut glatt ziehen, und zwar nach oben, weil sich die Barthaare dann besser aufrichten. Nicht gegen die Wuchsrichtung rasieren.
- Rasieren mit Vibrator: Die neuen Rasierer, die leicht vibrieren, sind kein unnützer Schnickschnack – sie rasieren tatsächlich besser.

- Für Notfälle: Einen Rasierstift (Alaunstift) bereithalten. Bei kleineren Verletzungen sorgt er dafür, dass sich das Gewebe zusammenzieht und die Blutung aufhört.

18. Darf man mit Herzschrittmacher Bungee-Jumping machen?

Ja. Zumindest in Deutschland, wo Selbstmordversuche nicht strafbar sind. Wenn du es nur zum Spaß machen willst, lass es. Ebenso wenig solltest du springen, wenn einer der folgenden Punkte dir bekannt vorkommt:

- Bluthochdruck
- Herz-Kreislauf-Erkrankungen
- Augenüberdruck (Grüner Star)
- Thrombose
- Bandscheibenprobleme
- nach Schädelverletzungen
- psychische Erkrankungen
- Epilepsie und:
- Herzschrittmacher!

Deshalb muss vor dem Sprung normalerweise auch eine Erklärung unterschrieben werden, dass man den körperlichen Anforderungen gewachsen ist und nicht an bestimmten Erkrankungen leidet. Verantwortungsbewusste Veranstalter achten auf die Gesundheit ihrer Springer und lassen niemanden ans Seil, der vorher schon auf dem letzten Loch pfeift. Falls der Veranstalter deiner Wahl hingegen auch noch Omi und Opi ohne zu fragen in die Tiefe stößt, solltest du dir den Adrenalinkick vielleicht doch lieber beim Zahnarzt holen.

Bungee-Jumping ist jedoch, wenn man einigermaßen gesund ist, viel ungefährlicher, als man gemeinhin annimmt. In Deutschland gab es bei vielen tausend Sprüngen nur einen einzigen Todesfall.

Quelle: UK Bungee Club

19. Was tun, wenn sie nur ans Kinderkriegen denkt?

Erstens: Die Verhütung selbst in die Hand nehmen. Frauen mit dringendem Kinderwunsch können phasenweise unzurechnungsfähig sein, wenn es um die Einnahme der Pille oder andere Verhütungsmaßnahmen geht. Nimm dir also nicht zu viel Zeit, um über die Sache nachzudenken, sonst kann es schnell zu spät sein. Zweitens: Stelle dir einige wichtige Fragen, um abzuchecken, wie du zu ihrem Wunsch stehst ...

Was wäre wenn? – teste deine Einstellung:

1. Kann ich mir überhaupt vorstellen, selbst ein Kind zu haben, oder schrecke ich schon entsetzt zurück, wenn die Kollegen mal wieder die Fotos ihrer „süßen Kleinen“ zücken?
2. Ist sie wirklich die Frau, mit der ich meine Gene teilen und für den Rest meines Lebens zumindest durch das gemeinsame Kind in Verbindung stehen möchte?
3. Kann ich mir vorstellen, in einer kinderkompatiblen Wohnung zu leben, in der pro Quadratmeter Wohnfläche mindestens eine quietschbunte Stolperfalle aus Plastik auf unachtsame Schritte lauert und Stil und Design wegen Kindersicherheit und Pragmatismus meilenweit verbannt werden?
4. Ertrage ich es, wenn die schönste Frau der Welt zuerst einen Wasserball-Bauch bekommt und später ständig Augenringe hat, weil sie alle paar

Stunden vom Baby geweckt wird, und wenn ich mich auf der Suche nach Körperkontakt ständig hinter meinem eigenen Nachwuchs anstellen muss?

5. Bin ich dazu bereit, 60 Stunden pro Woche zu arbeiten, weil es
   - keinen Kinderbetreuungsplatz gibt,
   - sie unseren kleinen Schatz nie in fremde Hände geben würde,
   - ihr Arbeitsplatz schon lange an eine Nicht-Mutter vergeben wurde und
   - Öko-Windeln, pädagogisches Spielzeug, Mutter-Kind-Kurse und Bio-Babybrei auch ein Doppelverdiener-Einkommen in Windeseile aufgefressen haben?
6. Last but not least: Werde ich dennoch den Vorwurf ertragen, zu wenig Zeit für meine Familie zu haben?

Solange ihr Alter noch nicht mit der magischen Drei beginnt, sollte es kein allzu großes Problem sein, wenn du dir nach der Beantwortung dieser Fragen noch ein wenig unsicher bist – Frauen in den 20-ern lassen sich durchaus noch ein oder zwei Jahre von ihrem Kinderwunsch ablenken. Wenn sie aber schon in den 30-ern steckt, wird die Sache schon schwieriger …

Und dennoch: Bloß keine Panik! Wenn es erst einmal so weit ist, ist Vater-Sein gar nicht mehr so schwer, denn all die lästigen Probleme werden bedeutungslos, wenn dich dein eigenes Kind mit seinen großen Kulleraugen anschaut und schon mit drei Monaten so etwas ähnliches wie „Papa“ brabbelt …

20. Gibt es einen Knigge fürs Bordell?

Männer gehen ins Bordell und da kann man noch so sehr moralisieren. Nicht umsonst ist das horizontale auch das älteste Gewerbe der Welt. (Übrigens: Je konservativer die politische Einstellung, desto häufiger der Bordellbesuch – und desto geringer der Spaß. Das hat eine Umfrage unter über 1 000 Männern ergeben.) Man kann geteilter Meinung darüber sein, ob es wirklich toll ist, Sex zu kaufen oder zu verkaufen. Aber es ist nun mal so.

Wenn du ins Bordell gehst, solltest du aber ein paar Regeln beachten. Regeln fürs Bordell wohlgemerkt, die in deiner Ehe, deinem Glauben oder deinem Gesundheitsverhalten gelten, sind vielleicht ganz andere. Und wenn du diese Regeln beachtest, wirst du ein gern gesehener Gast bleiben. Hier also ein kleiner Bordell-Knigge:

- Akzeptiere den Job deiner Lady als persönliche Dienstleistung, unabhängig von moralischen und gesellschaftlichen Vorstellungen.
- Äußere dich nicht negativ über das Gewerbe, das wirkt verklemmt und unehrlich. Schließlich bist du ja bei ihr, um ihre Dienste in Anspruch zu nehmen und nicht als Moralapostel.
- Wenn du über Berufliches reden willst, erzähle von deinem Job und fang nicht an, über ihren zu diskutieren.
- Stelle deiner Lady keine Fragen über ihr Privatleben. Dein Besuch ist diskret und anonym – verhalte dich entsprechend.

- Frage deine Lady nicht nach ihrem richtigen Namen oder gar ihrer Privatadresse. Sie wird dich sicherlich auch nicht danach fragen. Keine seriöse Lady wird sich privat mit dir treffen – das widerspricht der Diskretion und Anonymität deines Besuchs. Und da kannst du noch so ein toller Typ sein.
- Frage ruhig nach, was deiner Lady gefällt. Das ist allemal besser, als wenn du aufgrund deiner unvollständigen Vorbildung zum Thema weibliche Sexualität Dinge anstellst, die ihr zuwider sind.
- Auf jeden Fall solltest du ganz offen darüber sprechen, was dir gefällt. Das macht es dir und ihr einfacher, insbesondere wenn sie noch nicht so lange im Geschäft ist. Aber natürlich darfst du dich auch einfach von den Fähigkeiten deiner Lady überraschen lassen.
- Jede Frau mag ehrliche Komplimente. Wenn du das beim Abschied auch noch durch eine kleine Aufmerksamkeit in harter Währung unterstreichst, freuen sich beide auf das nächste Treffen.
- Auch wenn es eine Geschäftsbeziehung ist: Ein Bordell ist kein Basar, in dem über Preise, Bonus oder Rabatte verhandelt wird. Wenn du wirklich unzufrieden sein solltest, sprich mit der Empfangsdame, bevor du mit deiner Lady eine unerquickliche Diskussion beginnst.
- Sei keine Drecksau. Hygiene sollte selbstverständlich sein. Deine Lady wird dir das sicherlich bieten. Komm sauber und gepflegt zum Besuch: Frisch geduscht, mit geschnittenen und sauberen Finger- und Zehennägeln, gründlich gewasche-

nem Genitalbereich und geputzten Zähnen. Dann kann sie ihrem Job problemloser nachgehen.

Einige Regeln, die früher galten, werden zunehmend aufgeweicht: Beispielsweise war Küssen früher absolut tabu – heute gibt's auch das (gegen Aufpreis).

21. Was fange ich bloß mit dem Weinglas an?

Wein reinkippen, trinken und irgendwann mit dem Taxi heimfahren lassen ...

Aber so einfach ist es leider nicht, denn um Wein wird ein regelrechter Kult betrieben. Zu Hause kannst du einen Barbera natürlich auch aus dem Limoglas trinken, aber in Begleitung solltest du schon eine kleine Show abziehen. Und Folgendes ist dabei besonders wichtig:

- Fasse Weingläser nur am Stil an (gilt auch für Sektgläser).
- Weinglas-Modelle gibt es wie Sand im Weinberg, aber zur groben Orientierung: die Rotweingläser sind größer, obwohl mittlerweile davon ausgegangen wird, dass große Weine (weil viel Inhaltsstoffe) in große Gläser gehören.
- Falls du selbst einschenkst: immer nur kleine Mengen. (Der Wein kann sich besser entfalten, das ist schicker und spart Geld.)
- Wundere dich nicht, wenn der Kellner für jeden Wein, den du nachbestellst, ein neues Glas anschleppt – auch Spüler wollen schließlich ihren Job behalten.
- Erst trinken, wenn alle angestoßen haben! Und schön in die Augen gucken, sonst gibt's miserablen Sex – und das gleich sieben Jahre lang (so zumindest der Volksmund).
- Falls ihr nur zu zweit unterwegs seid: Lass der Dame (oder dem Chef) beim Trinken den Vortritt.

- Etwas anderes ist das beim „Verkosten“, das einem Ritual gleicht: Wenn der Ober dir einschenkt, solltest du ein bisschen mit dem Glas kreisen (Vorsicht, dass du ihr dabei nicht das Kleid versaust.) und Farbe und Konsistenz des Weins überprüfen. (Glotz einfach gegen das Licht durchs Glas und mach ein wichtiges Gesicht.) Dann ein winziges Schlückchen nehmen, im Mund hin- und herbewegen (nicht gurgeln!) und freudig: „Sehr schön, exzellent“ sagen und nicken (oder: „Pfui Teufel!“ schimpfen und ein Pils bestellen).
- Falls du keine Lust auf das ganze Trara hast oder einen *Chateauneuf du Pape* ohnehin nicht von einem Aldi-Rotweinessig unterscheiden kannst, ist es auch legitim, das zur Verkostung gereichte Glas an einen Tischnachbarn weiterzugeben. Die Regel, dass der Mann den Wein zu probieren hat, ist gottlob inzwischen veraltet – also reichst du notfalls ihr den Kelch.
- Mische niemals Mineralwasser mit teurem Wein. Nur Billigweine taugen zur Weinschorle – egal übrigens, ob weiß oder rot.

Und das Dekantieren? So nennt man das Ritual, bei dem Mann den Wein von der Flasche in die Glaskaraffe gießt, möglichst ohne anschließend das weiße Tischtuch mit Salz zuschaufeln zu müssen. Gerade Rotwein liebt es, wenn er endlich aus den ollen Fässern rauskommt – im Glasgefäß, so sagt man, hat er Zeit zum Atmen, was dem Geschmack des Weins zugutekommen soll. Bei preisgünstigen Weinen kannst du dir das Geklecker jedoch sparen – da bringt es auch nichts, wenn du den Wein schon 14 Tage vorher in die klassische Entenform-Karaffe schenkst …

22. Wie viele James Bonds gibt es bis heute?

James Bond alias 007 gibt es nicht wirklich – lass dir das bloß nicht weismachen! Auch wenn psychiatrische Krankenhäuser und Pilsbars voll von Typen sind, die sich für James Bond halten: Die Figur ist und bleibt fiktiv. 1952 wurde der Superagent von Ian Fleming erdichtet und in Buchform gepresst. Weltberühmt wurde Bond aber erst durch die Verfilmungen ein paar Jahre später.

Hand aufs Herz: Wie viele Darsteller und Filme könntest du jetzt aufzählen, ohne in der folgenden Tabelle zu spicken? Nicht mehr als drei? Dann ist es aber höchste Zeit für einen kleinen Nachhilfekurs, denn nicht nur bei den Herren gilt James Bond immer noch als **das** Sinnbild für Männlichkeit, Coolness und Style.

Erscheinungsjahr	Titel (Originaltitel)	Bond-Darsteller	Filmsong
1962	*James Bond jagt Dr. No* (*Dr. No*)	Sean Connery	*James Bond Theme* – Monty Norman Orchestra
1963	*Liebesgrüße aus Moskau* (*From Russia With Love*)	Sean Connery	*From Russia With Love* – Matt Monro
1964	*Goldfinger* (*Goldfinger*)	Sean Connery	*Goldfinger* – Shirley Bassey

1965	*Feuerball* (*Thunderball*)	Sean Connery	*Thunderball* – Tom Jones
1967	*Man lebt nur zweimal* (*You Only Live Twice*)	Sean Connery	*You Only Live Twice* – Nancy Sinatra
1969	*Im Geheimdienst Ihrer Majestät* (*On Her Majesty's Secret Service*)	George Lazenby	*We Have All The Time In The World* – Louis Armstrong
1971	*Diamantenfieber* (*Diamonds Are Forever*)	Sean Connery	*Diamonds Are Forever* – Shirley Bassey
1973	*Leben und Sterben lassen* (*Live And Let Die*)	Roger Moore	*Live And Let Die* – Paul McCartney & Wings
1974	*Der Mann mit dem goldenen Colt* (*The Man With The Golden Gun*)	Roger Moore	*The Man With The Golden Gun* – Lulu
1977	*Der Spion, der mich liebte* (*The Spy Who Loved Me*)	Roger Moore	*Nobody Does It Better* – Carly Simon
1979	*Moonraker – streng geheim* (*Moonraker*)	Roger Moore	*Moonraker* – Shirley Bassey

1981	*In tödlicher Mission* (*For Your Eyes Only*)	Roger Moore	*For Your Eyes Only* – Sheena Easton
1983	*Octopussy* (*Octopussy*)	Roger Moore	*All Time High* – Rita Coolidge
1985	*Im Angesicht des Todes* (*A View To A Kill*)	Roger Moore	*A View To A Kill* – Duran Duran
1987	*Der Hauch des Todes* (*The Living Daylights*)	Timothy Dalton	*The Living Daylights* – a-ha
1989	*Lizenz zum Töten* (*Licence To Kill*)	Timothy Dalton	*Licence To Kill* – Gladys Knight
1995	*GoldenEye* (*GoldenEye*)	Pierce Brosnan	*Goldeneye* – Tina Turner
1997	*Der Morgen stirbt nie* (*Tomorrow Never Dies*)	Pierce Brosnan	*Tomorrow Never Dies* – Sheryl Crow
1999	*Die Welt ist nicht genug* (*The World Is Not Enough*)	Pierce Brosnan	*The World Is Not Enough* – Garbage
2002	*Stirb an einem anderen Tag* (*Die Another Day*)	Pierce Brosnan	*Die Another Day* – Madonna
2006	*Casino Royal* (*Casino Royale*)	Daniel Craig	*You Know My Name* – Chris Cornell

Na, mitgezählt? The Winner is: Roger Moore – der war nämlich siebenmal James Bond, während Sean Connery es nur auf sechs Mal gebracht hat. Stimmt allerdings nicht ganz, da es auch noch „inoffizielle" Bond-Filme gibt: *Casino Royale* (die Fernsehfassung von 1954 mit dem ersten Bond-Darsteller Barry Nelson), nochmal *Casino Royale* (1967, eigentlich eine Bond-Parodie mit Peter Sellers) und *Sag niemals nie* mit Sean Connery – somit also unentschieden.

Und die anderen Bondler? Nun ja ... bis 2013 könnte höchstens noch Daniel Craig den Rekord brechen, vorausgesetzt dass Sony Picture Entertainments jährlich einen neuen Streifen produziert und Craig sich nicht bei einem seiner Stunts den Hals bricht ...

Quellen: James Bond International Fan Club; Metro-Goldwyn-Mayer

23. Welche Vorsorgeuntersuchungen kann ich mir sparen?

Alle. Denn sterben wirst du sowieso.

O. k., du möchtest möglichst lange leben: Dann hör am besten mit dem Rauchen auf, vermeide Stress, gehe öfter mal eine Runde spazieren und übe dich in Gelassenheit. Damit arbeitest du schon mal gegen die häufigste Todesursache bei Männern: den Herzinfarkt.

Deutsche Männer gehen eher selten zum Arzt, geschweige denn zu einer Vorsorgeuntersuchung. Dennoch: Einige sinnvolle Präventionsmaßnahmen gibt es schon. Sinnvoll deshalb, weil viele Krebsarten oder Diabeteserkrankungen wesentlich günstiger verlaufen, wenn sie im Anfangsstadium erkannt und behandelt werden.

- Ab 35 Jahren: Alle zwei Jahre ein Check-up. Dabei werden dein Körper, dein Blut und dein Urin untersucht und die Prostata wird abgetastet.
- Ab 45 Jahren: Jährliche Krebsfrüherkennung. Dabei werden Lymphknoten und Prostata untersucht.
- Ab 50 Jahren: Jährliche Darmuntersuchung. Keine große Sache – dein Stuhl wird auf Blut untersucht und du wirst abgetastet.
- Ab 55 Jahren: Alle fünf Jahre eine Darmspiegelung. Eklig, aber sinnvoll und heutzutage völlig schmerzfrei.

Untersuchungen, auf die du hingegen wirklich gut verzichten kannst, sind:

- Manager-Check-up
- Senioren-TÜV
- Jährliche Darmspiegelung
- Aura-Abtastung

Eins ist ja klar: Der Arzt möchte gern, dass du dich darüber hinaus untersuchen lässt (Untersuchungen, die nicht von der Krankenkasse bezahlt werden – sogenannte IGEL-Leistungen). Und das am besten jedes Quartal. Er möchte ja auch gern (und gut) leben. Das ist aber bestenfalls dann angesagt, wenn du tatsächlich irgendwelche Symptome hast.

Vor allem Röntgen- oder CT-Untersuchungen werden zwar von manchen Medizinern wärmstens empfohlen, aber ohne konkreten medizinischen Anlass solltest du dir die damit einhergehende Strahlenbelastung unbedingt ersparen.

Quelle: Bundesgesundheitsministerium 2007

24. Wo wollen Frauen gerne gestreichelt werden?

Ist schon klar, wo das Ganze enden soll ... Aber wie fängt Mann an? Nur in seltenen Fällen ist es angesagt, seine Liebste ohne Vorwarnung auf die Matratze zu schleudern und gleich zur Sache zu kommen. Ein bisschen Streicheln hat noch keiner geschadet – man nennt das übrigens „Vorspiel". Aber wohin mit den Streicheleinheiten und dem guten Willen?

Hier die aktuellen Top 10 der weiblichen Streichel- und Schmusehits:

1. **Die Lippen** küssen, an ihnen knabbern, kitzeln, streicheln.
2. **Den Nacken** kraulen.
3. **Brust und Brustwarzen** streicheln. (Vorsicht! Nur 27 Prozent der Frauen finden hier „festes Zupacken" erotisch – also schön sanft.) Und wenn du an den Nippeln knabberst – was im Prinzip o. k. ist, dann achte darauf, dass du anschließend nicht den Verbandskasten holen musst ...
4. **Die Ohren** kitzeln, auch an diesen knabbern, pusten (aber bitte nicht lang ziehen).
5. **Hände und Finger** lutschen, streicheln und ablecken.
6. **Den Po** streicheln oder auch mal (einfühlsam) durchkneten. Mit der Zunge bitte Vorsicht: Viele Frauen wollen gar nicht, dass ihr Partner sie mal am A... leckt.

7. **Bauch und Taille** können auch schon mal kräftiger massiert werden (sofern ihr nicht gerade Riesenpizza oder Bohnensuppe gegessen habt). Hier mögen 64 Prozent der Frauen sehr gerne kleine Knabber- und Kusseinheiten.
8. **Oberschenkel:** Gerade die Innenseite gehört zu den heißesten erogenen Zonen. So sanft wie möglich auf und ab streicheln.
9. **An den Füßen** knabbern und streicheln – aber bitte nicht (zu viel) kitzeln, sonst endet die Liebesnacht im Lachkrampf.
10. **Klitoris:** Endlich am Ziel. Hier die Intensität in Sachen Druck und Tempo sehr langsam steigern. Bei 72 Prozent der Frauen ebenfalls sehr beliebt: knabbern, lecken und sanft pusten.

Quellen: *Amica*; *Men'Health*; *FHM*

25. Wie funktioniert Ausdauertraining?

Ausdauertraining ist anstrengend. Muckies kannst du dir in ein paar Wochen antrainieren, mit der Kondition ist das schwieriger, dafür aber langfristig sinnvoller. Das Dumme am Ausdauertraining ist jedoch, dass du eigentlich schon das haben musst, was du haben willst: Ausdauer – nämlich Geduld und Willenskraft.

Hier die besten Ausdauer-Tipps:

- Such dir eine Sportart, die die Kondition trainiert und die dir vor allem auch Spaß macht. (Wenn deine Lieblingssportart Schach oder Bowling ist, solltest du dich nach etwas anderem umschauen. Zu den besten Ausdauersportarten zählen Joggen, Nordic Walking, Schwimmen und Radfahren.)
- Trainiere regelmäßig. Das heißt, mindestens jeden zweiten Tag 45 Minuten.
- Quäl dich, du Sau! Aber übertreib's auch nicht. Wenn die Gesundheit dabei draufgeht oder der Spaß aufhört, hilft nämlich auch die beste Kondition nichts mehr.
- Versuche, mit dem optimalen Trainingspuls zu trainieren, und den errechnest du so: Ziehe dein Alter und deinen Ruhepuls von 220 ab. Multipliziere diese Zahl mit 0,65 und zähle 50 (für Trainierte 60) dazu. Aufrunden, fertig. Wenn du 30 und untrainiert bist, liegt dein optimaler Trainingspuls bei 134.

Das Allerwichtigste aber ist, dass du mit Spaß dabei bist. Das optimale Ausdauertraining, das du zwei Wochen durchhältst, hilft weitaus weniger als ein regelmäßiges Training über ein Jahr, auch wenn es nicht ganz perfekt ist.

Quelle: *Fit for Fun*

26. Mit oder ohne Kondom?

87 Prozent aller Männer finden Sex ohne Kondom schöner als mit. 100 Prozent aller Männer finden HIV, Herpes, Hepatitis, Tripper, Pilzinfektionen oder ungewollte Kinder absolut Scheiße.

Mach den Gewissens-Check:

- Willst du sowieso ein Kind mit ihr haben oder weißt du mit hundertprozentiger Sicherheit, dass sie die Pille nimmt (und nicht vergessen hat) oder anderweitig zuverlässig verhütet?
- Weißt du sicher, dass keiner von euch eine sexuell übertragbare Krankheit hat?
- Woher weißt du das?
- Kannst du ihr vertrauen, dass sie mit Sicherheit nicht fremdgeht?
- Kannst du ihr hundertprozentig garantieren, dass du wenn, dann nie ohne Kondom fremdgegangen bist?
- Hängst du an deinem Leben und deiner (oder ihrer) Gesundheit?

Falls du dir bei einer der Fragen nicht so sicher bist, solltest du dir das mit dem ungeschützten Spaß lieber noch einmal überlegen. Denn abgesehen vom Risiko, sich mit AIDS oder anderen weniger tödlichen, aber ebenfalls sehr unangenehmen Krankheiten anzustecken, ist die Gefahr, unerwartet Papa zu werden, das beste Argument für ein Kondom. Auch wenn du im Eifer des Gefechts vielleicht nicht ganz so weit in die

Zukunft denken willst, solltest du dir vorher in aller Ruhe ausmalen, was es bedeuten würde, ungeplant Nachwuchs in die Welt zu setzen.

Mal abgesehen davon, dass nicht jeder Mann eine Karriere als liebevoller Papi plant, gibt es auch Frauen, die sich beim besten Willen nicht als Mutter deiner zukünftigen Kinder eignen, oder? Auch lohnt ein Blick in die gegenwärtige Unterhaltsregelung. Wer nicht auf Dauer mit der Mutter seines Kindes zusammenbleibt, sieht dabei keinen rosigen Zeiten entgegen: Er darf zwar ein Minimum an Geld behalten, aber je mehr er verdient, desto mehr muss er konsequenterweise auch abdrücken – und zwar bis das Kind erwachsen ist und finanziell auf eigenen Beinen steht. Mit Abitur und Langzeitstudium kann das schon mal locker an die 30 Jahre dauern. Dagegen sind die paar Sekunden, die es dauert, das Kondom aus der Hülle und auf den Schniedelwutz zu ziehen, gut investierte Zeit.

27. Woran sterben Männer?

Die Zeiten, als Männer bei Schießereien im Saloon umkamen, sind endgültig vorbei. Auch die Absturzrate bei Freeclimbern trägt nicht wirklich zum Aussterben der Bevölkerung bei.

Männer wie Frauen sterben heute vorwiegend an Zivilisationskrankheiten. Auch Unfälle haben's in sich – doch während Frauen scheinbar öfter von der Leiter fallen (weil immer sie es sind, die die Gardinen aufhängen müssen), stürzen wir uns deutlich lieber vor Züge oder von Hochhäusern. Auch auf der Autobahn bringen wir uns bei Tempo 220 schon mal um Kopf und Kragen – ei, wer hätte das gedacht?

Hier also eine kleine Statistik, wie die Leute hierzulande zu Tode kommen. Zu den häufigsten Ursachen, die Männer über den Jordan gehen lassen, gehören demnach:

- Krebserkrankungen: 110 703 (Frauen: 98 552)
- Herzinfarkt: 37 956 (Frauen: 31 406)
- andere Kreislauferkrankungen: 124 254 (Frauen: 203 006)
- Atemwegserkrankungen: 29 023 (Frauen: 28 391)
- Erkrankungen des Verdauungstrakts: 21 309 (Frauen: 20 894)
- Verkehrsunfälle: 5 026 (Frauen: 1 861)
- Selbstmord: 8 179 (Frauen: 2 971)
- Stürze: 3 486 (Frauen: 4 391)

PS: Nach Angaben des Statistischen Bundesamtes waren 2003 mehr als 90 Prozent der Verstorbenen über 65 Jahre alt. An Herzinfarkt starben 54,7 Prozent Männer und 45,3 Prozent Frauen. Haben wir Männer es vielleicht doch schwerer? Oder nehmen wir uns alles nur mehr zu Herzen?

Quellen: *Ärzte Zeitung*; Statistisches Bundesamt

28. Wie viele Millionäre gibt es in Deutschland?

Eine Frage, die gar nicht so leicht zu beantworten ist. Denn es gibt mindestens drei Arten von Millionären:

1. Vermögensmillionäre (jeder, der mindestens eine Million besitzt).
2. Einkommensmillionäre (dazu gehört, wer im Jahr mindestens eine Million Euro brutto verdient).
3. Lottomillionäre (das sind die mit den „sechs Richtigen").

Aber Millionär ist nicht gleich Millionär, denn auch davon gibt es wiederum drei Sorten:

1. Low-Tier Millionaires (1 bis 5 Mio. US Dollar) – „einfache Millionäre"
2. Mid-Tier Millionaires (5 bis 30 Mio. US Dollar) – „mittlere Millionäre"
3. High-Tier Millionaires (über 30 Mio. US Dollar) – „Superreiche"

Und nun also zur Lage der Nation:

- Deutschland hat 767 000 Vermögensmillionäre. Da bist (wärst) du also noch in keinem sonderlich exklusiven Club. Jeder Tausendste ist dabei.
- Darunter sind rund 12 500 Einkommensmillionäre, also nur noch etwa jeder 6 500-ste verdient über eine Million Euro im Jahr.

- Bei den Einkommensmillionären liegt NRW (3 082) vor Bayern (2 693) und Baden-Württemberg (2 171).
- Die höchste Einzelquote erreicht die Stadt Meerbusch bei Düsseldorf mit 61 Millionären bei rund 55 000 Einwohnern. Dort gibt es also fast so viele Superverdiener wie es im Durchschnitt Vermögensmillionäre gibt.

Wenn du nicht nur reich sein willst, sondern auch nach Exklusivität suchst, musst du dich schon in die illustre Gesellschaft der Milliardäre vorarbeiten. Von denen gibt es in Deutschland aktuell nur 55.

Quelle: Forbes

29. Wie stoppe ich Mobber?

Mobber (engl. to mob: anpöbeln, angreifen) sind jene Fieslinge, die einem die ohnehin unerfreuliche Tatsache, dass man arbeiten gehen muss, erst so richtig zur Hölle machen. Mobbing fängt schon in der Schule an und hört selbst im Seniorenheim nicht auf. Doch Vorsicht: Nur weil ein Kollege mal nicht zurückgrüßt, muss das noch kein Mobbing sein – vielleicht braucht er ja nur mal eine neue Batterie für sein Hörgerät ...

In Deutschland erleiden im Job rund zwei Drittel aller Angestellten die emotionale Hölle. 61 Prozent fühlen sich gemobbt – von ihnen werden 34 Prozent von Kollegen, 30 Prozent von ihrem Chef geschnitten. Komisch: Andersrum geben aber nur 12 Prozent der Arbeitnehmer zu, selbst zu den Mobbern zu gehören – da stimmt doch rein rechnerisch irgendetwas nicht, oder?

Wenn es um die Karriere oder gar den Arbeitsplatz geht, wird mit harten Bandagen gekämpft. Da werden Ideen geklaut, es wird schikaniert, getuschelt und gelästert und besonders gerne auch angeschwärzt. (Wenn Rufmörder im Knast landen würden, wären ganze Büros wie leergefegt.)

Wie aber wehrt Mann sich gegen Psychoattacken, die einem die Gesundheit und die Karriere ruinieren?

Hier einige effektive Anti-Mobbing-Strategien:

- Ausnahmsweise gilt: Reden ist Gold, Schweigen ist Mist! Du hast keine Chance, wenn du versuchst, die Dinge auszusitzen, denn dadurch signalisierst du nur Wehrlosigkeit. Reagiere ohne überzureagieren. Sprich die Probleme an – freundlich, aber bestimmt! Mobbingforscher sagen, dass gerade konfliktscheue, ängstliche Leute schnell zum Opfer werden. Trau dich, „Stopp!“ zu sagen und deine Grenzen zu zeigen.

- Wende die drei Grundgesetze erfolgreicher Kommunikation an: Beschuldige nicht den anderen („Du bist so eine gemeine Sau!“), sondern sage ihm:
  1. was du beobachtet hast („Du hast meine Ideen in der Konferenz ja ganz schön niedergemacht.“),
  2. wie **du** dich dabei fühlst („Das hat mich geärgert/mir Angst gemacht/mich enttäuscht.“) und
  3. was du dir wünschst („Wir sollten uns in Zukunft besser absprechen/respektvoller miteinander umgehen/trotz unterschiedlicher Meinung Offenheit bewahren …“).
- Mach dir Notizen. Das hilft dir, klarer zu sehen, denn später ist es schwierig, mit vagen Beschuldigungen zu punkten. (Und im Ernstfall musst du das ja sogar einmal im Gerichtssaal tun.) Wer hat was wann gesagt? (Und für dich als Feedback noch dazu: Wie hat das auf dich gewirkt …)
- Wenn es zur klärenden Aussprache kommt, nimm noch eine Vertrauensperson oder einen (objektiven) Dritten mit an den Tisch.
- Suche Verbündete – nicht indem du eine Opposition bildest, sondern indem du Vorgesetzte, Betriebsrat, Geschäftsleitung oder auch den Be-

triebsarzt mit ins Vertrauen ziehst, falls direkte Gespräche dich nicht weiterbringen.

- Wirf nicht zu früh das Handtuch! Wer aufgibt, hat schon verloren. Zeig deinem Gegner, dass du einen langen Atem hast. Apropos „langer Atem" – wenn es mit dem Mobber gar nicht anders klappt, konzentriere dich ganz auf dein Tun bei der Arbeit, gehe abends ins Yoga und mach dich auf ein kleines Wunder gefasst: Je gelassener du nämlich wirst und je weniger du durch Kritik oder Intrigen zu verletzen bist, je mehr du also drüber stehst, desto schneller lösen sich die Anfeindungen in Luft auf …
- Als letzter Ausweg: Zyankali! Einfach eine Messerspitze in den Kaffeeautomaten schütten und schon bist du die ganze lästige Bagage auf einen Streich los. Aber anschließend bloß nicht erwischen lassen – abwarten und (unbedingt!!) Tee statt Kaffee trinken.

Quellen: *Stern*; ARD

30. Was muss ich über Zigarren wissen?

Seit den 1990-er Jahren gibt es eine Renaissance des Zigarrenkonsums. Das Rauchen von „Habanos“ ist im Gegensatz zum langweiligen Zigarettengequalme Ausdruck eines individuellen Lebensgefühls. Kein Wunder, denn Zigarren sind ein Kultobjekt und man raucht sie nicht einfach nebenher (womöglich eine nach der anderen), sondern zelebriert den Genuss. Freilich gilt das nur für die handgedrehten Zigarren und nicht für die billigen „Shortfiller“, die es schon für ein paar Euro gibt.

Bereits das Herstellen einer guten Zigarre ist eine Kunst: Nach der Ernte reifen die Blätter 25 bis 50 Tage, abwechselnd in der Sonne und im Schatten. Dann werden sie fermentiert, anschließend handsortiert: Nur die besten, unbeschädigten Blätter werden für handgerollte Zigarren ausgewählt. (Die weniger guten und beschädigten sind für die Shortfiller, Zigarillos oder Zigaretten.) Jede einzelne Zigarre wird nach der Herstellung genau kontrolliert, nicht ganz perfekte werden aussortiert. Dann werden sie gelagert – hochwertige Zigarren mehrere Jahre lang – und schließlich wird nochmals kontrolliert und aussortiert, wenn die Farbe nicht genau stimmt. (Das sind dann die billigeren Fehlfarben, die allerdings im Geschmack nicht unbedingt schlechter sind.) Zum Schluss kommt die Bauchbinde um die Zigarre: Die Binden werden streng überwacht hergestellt, deshalb sind schon kleinste Abweichungen ein Hinweis auf Fälschung. Und dann ist die echte Zigarre (ein „Longfiller“, denn sie besteht im Inneren ja aus ganzen Blättern) fertig. Sie kann nicht maschinell hergestellt werden, da die Blätter exakt und mit Fingerspitzengefühl gelegt werden müssen, damit die Zigarre gut zieht.

Zigarren gibt es in verschiedenen Formaten, die sich in ihrer Länge, Dicke und Form unterscheiden. Hier die wichtigsten Formen:

- *Parejo:* eine Zigarre, deren Körper gerade gedreht ist.
- *Figurado:* eine Zigarre mit einem ungleichmäßig dicken Körper.
- *Corona:* das bekannteste Format, rund 140 mm Länge, mit einem Durchmesser von etwa 16 mm, zylindrischer Form und flachem Rundkopf.
- *Panatela:* eine dünnere Zigarre mit etwa 14 mm Durchmesser.
- *Robusto:* eine kurze, dickere Zigarre mit einem Durchmesser von 19,84 mm (entspricht dem exakten Ringmaß 50) und rund 124 mm Länge.
- *Churchill:* lang und dick; Länge 178 mm, Durchmesser 18,65 mm (Ringmaß 47).
- *Figuro:* ist an Kopf und Fuß dünner als in der Mitte.

Und was darf sie kosten? Gute Zigarren gibt es ab etwa 5 Euro. Aber du kannst auch deutlich mehr ausgeben. Die teuersten sind:

- *Montechristo A* ab 40 Euro
- *Cuaba Diademas* ab 30 Euro
- *Cohiba Esplendidos* ab 25 Euro
- *Cohiba Siglo VI Tubos* ab 22 Euro
- *Sancho Panza Sachos* ab 20 Euro

Als echter Kenner solltest du auch gefälschte Zigarren erkennen. Kaufst du in Deutschland in einem Zigarrengeschäft ein, wirst du wohl kaum jemals eine Fälschung bekommen. Aber bei eBay ist auf jeden Fall Vorsicht geboten. Oder wenn du auf Kuba bei einem Straßenhändler kaufst. Fälschungen erkennst du daran:

- Du hast eine kubanische Zigarre in einem anderen Herstellungsland (z.B. Dominikanische Republik) gekauft.
- Die Kiste hat keine Steuerbanderole. (Das Siegelpapier sollte rechts unten um die Kiste geklebt sein und den Deckel verschließen.)
- Die Kiste passt nicht zur Zigarre.
- Die Lackierung der Kiste ist ungleichmäßig.
- Die Scharniere sind aus Messing, falsch angebracht oder gar rostig.
- Die Markenbezeichnung befindet sich nicht immer an derselben Stelle.
- Die Aufkleber und die Bauchbinden sind nicht sauber gedruckt.
- Die Bauchbinden sind locker oder befinden sich an unterschiedlichen Stellen.
- Die Zigarren weichen bezüglich Gewicht oder Länge voneinander ab.
- In der Kiste sind die Zigarren nicht nach Farbe sortiert. (Die hellste Zigarre muss immer rechts liegen.)
- Die schönste Seite der Zigarre weist nicht nach oben.

Das Zigarre-Rauchen ist eine kleine Kunst. Und Kunst kommt von können. Deshalb musst du ein paar Dinge beachten:

- Eine gute Zigarre muss im *Humidor* (einer speziellen Kiste, die die Feuchtigkeit und Temperatur reguliert) gelagert werden: Optimal sind eine Temperatur von 18°C und 70 Prozent Luftfeuchtigkeit.
- Eine Zigarre musst du anschneiden: Dabei machst du am Kopfende ein kleines Loch – mit einem Messer (wenn du Erfahrung hast) oder mit einem speziellen Zigarrenschneider. Ohne das Loch kann man nicht ziehen! Ein guter Anschnitt erzeugt ein Loch von drei Viertel der Größe des Zigarrendurchmessers und belässt das Deckblatt ansonsten unversehrt.
- Zum Anzünden einer Zigarre solltest du weder Benzinfeuerzeug noch Streichhölzer verwenden, sondern ein normales Gasfeuerzeug. Am besten aber einen Holzspan.
- Du ziehst zum Anzünden nicht, wie bei einer Zigarette, an der Zigarre, sondern drehst das Fußende der Zigarre langsam über der Flamme, bis sich ein kleiner Aschering gebildet hat. Dann erst nimmst du den ersten Zug.
- Zieh nicht zu kräftig an der Zigarre, denn dabei entstehen zu hohe Temperaturen, die dem Aroma abträglich sind.
- Das letzte Drittel der Zigarre solltest du nicht aufrauchen – es dient als Filter. Sehr gute (Longfiller-) Zigarren kannst du bis zum letzten Viertel rauchen.

- Drück die Zigarre niemals aus. Das ist unfein. Lege sie einfach in den Aschenbecher – sie geht von selbst aus.

Genieße die Zigarre: Eine gute Zigarre reicht für ein bis drei Stunden! Das genügt nicht nur zum ausgiebigen Genießen, sondern auch, um die Luft in jedem Raum zu verpesten. Nicht-Genießer bist du dann schon mal los. Aber auch wenn es anderen stinkt – wenigstens stinkst du dann wie ein Weltmann.

31. Wie stellt man quengelnde Kinder wieder ab?

Jetzt bist du Papa – und merkst, dass dieser Zustand auch nerven kann. Ein Patentrezept für Kinder gibt es leider nicht. Das, was es gibt, ist ein kapitaler Fehler: Wer ein quengelndes Kind mit Süßigkeiten oder Geschenken „belohnt“, damit es endlich aufhört zu nerven, der erzieht es so in kürzester Zeit zum Dauerquengler, der ohne Bestechung kaum noch zu bremsen ist.

Ignorieren oder schimpfen ist genauso übel. Mach dir klar, dass ein Kind, das quengelt, schreit oder sonstwie nervt, ein Bedürfnis hat. Kein Kind nervt aus Spaß. Um welches Bedürfnis könnte es sich handeln?

- Bewegung, wenn es sich langweilt
- Zuwendung, wenn es sich alleingelassen fühlt
- Trost, wenn es Schmerzen hat
- Schlaf, wenn es müde ist
- Essen, wenn es hungrig ist

Also eigentlich alles easy. Nur weiß man eben nicht immer, was es nun ist. Sind die Nerven ohnehin schon zum Zerreißen gespannt, kannst du schon mal verzweifeln, wenn dich der oder die Kleine rasend macht.

Sieh es als Übung an, um locker zu bleiben; das ist nicht nur für die Kleinen, sondern auch für dich (und deine Partnerin) gut. Wenn das Kind aus Langweile quengelt, ist es in der Regel mit ein paar lustigen Grimassen oder einem kleinen Spielchen schnell abgelenkt – und mit etwas Glück spielt es dann auch gleich alleine weiter. Ist dagegen Übermüdung die Ursache, hilft in den meisten Fällen, das Kind einfach in den Arm zu nehmen und eine Runde zu kuscheln, bis der Sandmann kommt. Dann ist auch Ruhe.

Der größte Fehler: brüllen. Das bringt genauso wenig wie jede Art von Strafe oder „Züchtigung". Kinder brauchen nämlich vor allem eines: Zuwendung und Liebe.

Das ist freilich nicht immer leicht. Und sicher hast du auch schon mal den Spruch gehört, dass Kinder Grenzen brauchen. Aber damit sind Grenzen gemeint, die dem Kind helfen, die Welt zu verstehen; nicht die Grenzen, an die Erwachsene leicht geraten, wenn sie genervt sind. Konkret heißt das:

- Lebe selbst vor, was du von deinem Kind erwartest.
- Fahre eine ganz deutliche Linie und zeige klare Konsequenzen auf.
- Lobe lieber das positive Verhalten als das negative zu bestrafen.
- Und am allerwichtigsten: Behandle dein Kind mit Würde. Das heißt, frage dich, ob das, was dein Kind tun oder lassen soll, das ist, was du auch einem Freund raten würdest.

Erfahrungsgemäß spart es viel Zeit, Nerven und Oropax, wenn du deinem Kind genug Zeit widmest und ihm deine unbedingte Zuneigung zeigst. Schon wenige Minuten volle Zuwendung können oft den „Quengel-Schimpf-Teufelskreis" effektiv durchbrechen.

33. Wie hält der Küchentisch erotische Höchstleistungen aus?

Vielleicht macht's dir ja Spaß, nach dem Essen – quasi als Nachtisch – erotische Aktionen auf dem Küchentisch durchzuführen. Gleichzeitig hängst du möglicherweise an dem Möbel. Oder du möchtest dir und deiner Liebsten Knochenbrüche und Gehirnerschütterung ersparen. Dann gibt es mehrere Möglichkeiten:

- kräftig abnehmen,
- stabilen Küchentisch kaufen, am besten aus massivem Stahl (ist aber kalt am Popo),
- flexiblen Küchentisch kaufen, am besten aus Schaumstoff,
- den Küchentisch in einer Raumstation platzieren, da fällt die Schwerkraft weg,
- vorgestellten Sex auf einem fantasierten Küchentisch (vielleicht gar mit fantasierter Dame?),
- auf die Küchenzeile ausweichen, die packt das meist locker (Vorsicht vor heißen Herdplatten!),
- esoterischer Tantra-Sex (bewegungslos ineinander ruhend nur die Beckenboden-Muskulatur und die Fantasie spielen lassen).

Statistisch gesehen kommt Sex auf dem Küchentisch aber sowieso nicht so häufig vor wie im Film. Nur 7 Prozent aller Männer und 4 Prozent aller Frauen hatten in Deutschland schon mal Sex auf dem Küchentisch. Behaupten sie jedenfalls.

34. Welche sind die beliebtesten Sportarten?

Bei einer großen Umfrage, die 2007 veröffentlicht wurde, fand die DAK heraus, dass Radfahren die Lieblingssportart der meisten Deutschen ist. Vor allem Männer schwingen sich gern auf den Drahtesel, während Frauen lieber in den Pool springen. Die beliebtesten (regelmäßig ausgeführten Sportarten) sind:

1. Radfahren: 54 Prozent der Männer – 46 Prozent der Frauen
2. Schwimmen: 31 Prozent der Männer – 35 Prozent der Frauen
3. Jogging: 30 Prozent der Männer – 24 Prozent der Frauen

Apropos Jogging: Die Zeit der Einzelkämpfer ist aus und vorbei, denn Lauftreffs werden immer beliebter. Kein Wunder – rund 50 Prozent der Lauf-Freaks sind Singles oder nutzen die Rennerei, um neue Leute kennenzulernen. Auch wenn's ums Abspecken geht, ist Laufen besonders empfehlenswert: Beim Joggen gehen knapp 800 Kalorien pro Stunde flöten, gefolgt von Schwimmen mit 700 kcal/h. Beim Radfahren verbraucht man zwar „nur“ 450 kcal/h – auf dem Ding halten es dafür die meisten aber deutlich länger aus als im Baggersee …

Und wie viele von uns treiben überhaupt Sport? Insgesamt gaben

- 25 Prozent an, dass sie eigentlich nie wirklich vom Sofa runterkommen
- 10 Prozent an, dass sie seltener als einmal pro Woche aktiv werden
- 17 Prozent an, dass sie zweimal pro Woche sporteln
- 33 Prozent an, dass sie mehr als zweimal in der Woche etwas für ihre Fitness tun.

Aber da fragt man sich natürlich schon, wie ehrlich Mann bei Umfragen antwortet, wenn eine sexy Redakteurin einem mit ihrem Schaumstoffmikrophon vor der Nase herumfuchtelt …

Quellen: Forsa-Umfrage: DAK; Fit for Fun

35. Wie viele Männer sind impotent?

Hilfe! Potenzstörungen sind stark im Kommen: Laut einer Großstudie mit Zehntausenden von Männern zwischen 20 und 75 Jahren leiden mehr von uns an Potenzstörungen und/oder Impotenz, als bisher angenommen. In den USA leben die meisten Betroffenen, dicht gefolgt von Deutschland:

- **USA:** 25 Prozent
- **Deutschland:** 22 Prozent
- **Italien:** 19 Prozent
- **Großbritannien:** 19 Prozent
- **Frankreich:** 13 Prozent

Laut WHO-Erhebungen sollen es weltweit mindestens 152 Millionen Männer sein, die an Erektionsstörungen und Impotenz leiden. In knapp 20 Jahren, so die Weltgesundheitsorganisation, werden es dann sogar rund doppelt so viele sein.

Und wer ist schuld? Die mediale Sexflut? Die vielen zuckerhaltigen Schokoriegel? Die Emanzipation? Das weiß keiner – wohl aber, dass potenzsteigernde Mittelchen schon in der Antike sehr begehrt waren und das Problem so neu nun auch wieder nicht ist. Und Viagra sei Dank wissen wir auch, dass es nicht so schlimm ist, als dass es keine Lösung gäbe. (Und wenn alle Stricke reißen, kannst du ja auch immer noch Mönch werden oder ins Lager der Kuschelsexfans wechseln …)

Quelle: Europäische Gesellschaft für Sexual- und Impotenzforschung ESSIR

36. Wie mixe ich einen perfekten Mai Tai?

Mai Tai ist nicht gleich Mai Tai – aus dem Originalrezept sind inzwischen zahllose Variationen hervorgegangen. Mai-Tai-Freaks unterteilen sie in zwei Kategorien: die puristische, ursprüngliche ganz ohne und die Hawaii-Version mit Ananassaft. Wie bei allen Cocktails gilt auch beim perfekten Mai Tai, dass er nur so gut sein kann wie seine Zutaten – aus Billigschnaps wird auch mit noch so viel Geschüttel kein edler Cocktail. Und weil Geschmäcker bekanntlich verschieden sind, hier also zwei Rezepte für den perfekten Mai Tai:

Mai-Tai-Originalrezept
2-3 cl Martinique-Rum
2-3 cl dunkler Jamaica-Rum
1,5 cl Curaçao Orange
1 cl Mandelsirup
1 cl Zuckersirup
2 cl frisch gepresster Limettensaft

Mai Tai Hawaii
2-3 cl weißer Martinique-Rum
2-3 cl dunkler Jamaica-Rum
1,5 cl Curaçao Orange
1 cl Mandelsirup
5 cl Ananassaft
2 cl Limettensaft

Du hast es sicher gemerkt: Der einzige Unterschied zwischen diesen beiden Rezepten ist Zuckersirup bzw. Ananassaft. Auch die Zubereitung ist ansonsten gleich: Bei beiden Varianten alle Zutaten mit Crushed Ice in den Cocktail-Shaker geben, gründlich schütteln und in ein Glas mit Crushed Ice abseihen. Das Ganze mit einem Zweig Minze und auf Wunsch einer Maraschino-Kirsche oder einem Viertel Limette dekorieren.

Je öfter du den Mai Tai mixt und auch von Freunden probieren lässt, desto perfekter wird er natürlich sein. Denn zum wirklich coolen Cocktail-Mixer wird man nicht durch ein Rezept, sondern nur durch hartes Training – und das bedeutet üben, üben, üben!

37. Steinbock, Waage oder Jungfrau – was tun, wenn sie auf Astrologie steht?

Das Wichtigste zuerst: Solltest du nichts von Steinbock, Stier, Krebs und dem ganzen Viehzeugs halten, so gib ihr das nicht gleich zu Anfang zu verstehen! Über Astrologie sollte man sich nämlich genauso wenig lustig machen wie über Religion – sonst kann es ganz schön Ärger geben (selbst außerhalb der Vereinigten Arabischen Emirate).

Die einfache Ansage, dass du nicht daran glaubst, reicht vollkommen. Liegt dir etwas an der Frau, ist es im Zweifelsfall tausendmal besser, Verständnis (vgl. S. 41) für ihr Hobby zu simulieren als herumzunölen. Verrate ihr also ruhig den genauen Zeitpunkt deiner Geburt, damit sie in aller Ruhe die Konstellationen und Aspekte eures Zusammenlebens berechnen kann.

Mit etwas Glück stellt sich dabei heraus, dass ihr laut Horoskop wie füreinander geschaffen seid. (Normalerweise lässt die Astrologie so viel Raum für Interpretationen, dass eine verliebte Frau **immer** zu einem positiven Ergebnis kommen wird.)

Noch besser ist es natürlich, wenn du die Grundbegriffe der Astrologie kennst, dann hast du bei ihr gleich einen Stein im Brett. Hier also ein kleiner Astro-Kurs von A bis Z:

Aspekte: Horoskopteile, die in einem bestimmten Winkel zueinander stehen (Konjunktion 0°, Sextil 60°, Quadrat 90°, Trigon 120°, Opposition 180°).

Aszendent: das Tierkreiszeichen, das zu dem Zeitpunkt, für den das Horoskop erstellt wird, gerade über den Horizont steigt. (Um den Aszendenten zu berechnen, braucht der Astrologe deine Geburtsstunde.)

Häuser: Ein Tierkreis ist nicht nur in die zwölf Zeichen, sondern auch in zwölf Häuser (oder Felder) eingeteilt. Das erste Haus beginnt beim Aszendenten.

Konjunktion: ein Aspekt; wenn zwei Horoskopfaktoren (beispielsweise Planeten) an ungefähr derselben Stelle stehen; nicht sonderlich beliebt.

Opposition: ein Aspekt; zwei Horoskopfaktoren stehen einander gegenüber – meist keine gute Nachricht.

Planeten: In der Astrologie kreist ja immer noch alles um die Erde. Daher zählen auch Sonne und Mond dazu. Und Pluto sowieso, obwohl der inzwischen in der Astronomie gar kein Planet mehr ist.

Tierkreiszeichen: der korrekte Ausdruck für Sternzeichen; Widder, Stier, Zwillinge, Krebs, Löwe, Jungfrau, Waage, Skorpion, Schütze, Steinbock, Wassermann, Fische. Dein „Sternzeichen“ ist übrigens lediglich ein Mini-Teil des Horoskops – nämlich das Tierkreiszeichen, in dem zum Zeitpunkt deiner Geburt die Sonne stand.

Zodiak: der Tierkreis mit seinen zwölf Bildern.

Wenn du diese Begriffe kennst, kannst du fast schon eine Praxis als Astrologe aufmachen. Dumm gelaufen ist es nur, wenn deine Süße auf indianische, indische, chinesische, keltische oder irgendeine andere Astrologie steht. Da sieht nämlich alles wieder ganz anders aus.

38. Wie geht Spiegeleier mit Speck?

Spiegeleier mit Speck haben schon so manchen hungrigen Mann gerettet, der mit knurrendem Magen vor dem ausgeräuberten Kühlschrank stand. Dieses Gericht ist so einfach zuzubereiten, dass man es kaum der Rubrik Kochen zuordnen kann – was der Kochkunst vieler Männer sehr entgegenkommt.

Falls du allerdings noch nie so ein kompliziertes Küchengerät wie eine Pfanne benutzt hast, hier eine kurze Anleitung. Wenn du erst einmal gemeistert hast, Spiegeleier mit Speck zuzubereiten, wird sich dir die Welt des Kochens öffnen und du wirst in der Lage sein, dich schrittweise den kultigen Spezialitäten der Haute Cuisine zu nähern. Dann kannst du auch einen auf Jamie Oliver machen und viel Geld verdienen. Aber immer schön eins nach dem anderen …

Was brauchst du?

- 3 Eier (vom Huhn)
- 3 Scheiben Frühstücksspeck (vom Metzger)
- Butter
- Salz, Pfeffer (evtl. Tabasco)
- Pfanne
- Teller
- Wender (so eine Art Schaufel für die Pfanne)
- Herd
- Brandsalbe
- Telefonnummer von Notarzt und Feuerwehr

Und schon kann's losgehen:

- Herd anmachen (hohe Stufe) und die Pfanne auf die Platte stellen, die du angeschaltet hast.
- Lege die Speckscheiben nebeneinander in die Pfanne. Falls sie einander überlappen, sollte der fette Rand jeweils unten liegen.
- Wenn der Speck sich zu bräunen beginnt, gibst du eine Ecke Butter dazu.
- Sobald die Butter zerlaufen ist, schlägst du die Eier in die Pfanne. Achtung, das ist der anspruchsvollste Teil: Ei mit Gefühl in der Hand halten, kurz und nicht zu fest gegen den Pfannenrand klopfen, die Schale mit beiden Händen auseinanderziehen und rein mit dem Ei in die Pfanne. Wohlgemerkt: ohne Schale (sonst wird's Eier-Crunchy)!
- In zwei bis drei Minuten fertig braten – je nachdem, wie weich du das Eigelb magst. Das Eiweiß sollte fest sein, der Dotter darf noch weich bzw. flüssig sein.
- Jetzt noch etwas Salz und Pfeffer (oder Tabasco) drauf und fertig.

Na dann mal guten Appetit!

39. Was ist emotionale Intelligenz?

Dass du schlau bist, weißt du ja selbst. Aber wie sieht's mit deiner emotionalen Intelligenz aus? Und wer hat's erfunden? Der Begriff geht zurück auf den amerikanischen Psychologen Daniel Goleman, der auch den gleichnamigen Bestseller geschrieben hat.

Nach Goleman ist emotionale Intelligenz eine übergeordnete Fähigkeit, die darüber etwas aussagt, wie gut ein Mensch seine sonstigen Fähigkeiten (einschließlich seines herkömmlichen IQ) zu nutzen versteht. Die emotionale Intelligenz setzt sich aus fünf Teilaspekten zusammen:

1. Selbstbewusstheit: Wie gut verstehst und akzeptierst du deine Gefühle, deine Bedürfnisse, Stärken und Schwächen? Wie gut kannst du die Wirkung deiner Handlungen auf andere abschätzen?
2. Selbststeuerung: Wie gut kannst du deine Gefühle konstruktiv beeinflussen?
3. Selbstmotivation: Wie gut kannst du deinen inneren Schweinehund überwinden und Spaß dabei haben?
4. Empathie: Wie gut kommst du mit anderen zurecht? Fällt es dir leicht, Freunde zu finden?
5. Soziale Kompetenz: Wie gut kannst du die Gefühle anderer Menschen nachempfinden, verstehen und auf sie reagieren?

Wenn wir all das beherrschen, haben wir einen hohen EQ (Emotionalen Intelligenzquotienten). Es leuchtet ein, dass ein hoher EQ ganz wesentlich zu unserem Erfolg im Leben beiträgt. Deshalb ist der Faktor der emotionalen Intelligenz derzeit in der Personalauswahl auch ziemlich en vogue. Klar: Leute, die gut drauf sind, freundlich zu anderen sind, öfter mal gute Laune haben und sich dabei noch selbst motivieren können, sind in den meisten Berufen beliebter als miesepetrige Eigenbrötler, die ständig gereizt sind und null Bock auf ihren Job haben.

Und auch Frauen lieben Männer, die ab und an mal fragen, wie es ihnen geht, länger als eine Minute zuhören können und gelegentlich Blumen mitbringen. Fragt sich nur, ob wir das alles nicht auch ohne die Theorie der emotionalen Intelligenz erkannt hätten …

40. Was gehört in den Trekking-Rucksack?

Wenn du eine Trekkingtour planst, wirst du wissen, welches Material in den Rucksack muss. Deine Spezialausrüstung für die Saharatour wirst du wohl kaum vergessen – und die sieht natürlich anders aus, als wenn du nach Alaska willst. Hier aber eine Checkliste mit Kleinigkeiten, die grundsätzlich oft vergessen werden:

1. Verbandszeug und Desinfektionsmittel, Blasenpflaster, Pinzette,
2. Medikamente (gegen Schmerzen, Durchfall, Fieber) und Sonnenschutz,
3. Ladegerät fürs Handy (ein netzunabhängiges, solar- oder handbetriebenes natürlich; in der Felswand oder im Wald wirst du keine Steckdose finden),
4. Pfeife (nicht zum Rauchen, sondern um Lärm zu machen, bis Hilfe kommt),
5. Zahnbürste und Zahnpasta (wird tatsächlich oft vergessen und ist dann irgendwann eklig),
6. Taschenlampe (am besten Stirnlampe) mit Ersatzbatterien und Ersatzbirne,
7. Multifunktionswerkzeug,
8. Plastiktüten für Müll oder zum Verpacken,
9. Nähzeug, Sicherheitsnadeln,
10. Klopapier.

Wenn du für alle Fälle gerüstet sein willst, solltest du natürlich auch Defibrillator, Röntgenapparat, Skalpell und die OP-Schwester mitnehmen. Aber dann ist es wohl ohnehin besser, ausschließlich auf der Sanatoriums-Wiese zu campieren.

41. Ist Homosexualität ansteckend?

Ein echter Mann ist kein Schwulenhasser – schon allein deshalb, weil jeder Schwule dafür sorgt, dass für uns Heteros mehr Mädels übrig bleiben. Erstaunlich ist aber: Je mehr einer auf Macho macht, desto eher tendiert er zu Schwulenfeindlichkeit. Dabei spielen Angst und Unsicherheit eine große Rolle – so gibt sich der Macho ganz besonders hetero, weil er fürchtet, möglicherweise auch irgendwie schwul zu sein.

Es gibt immer noch einige falsche Vorstellungen über Schwule, die die Runde machen. Schauen wir uns die doch mal an:

- Homosexualität ist eine Krankheit: Falsch. Schwul ist ein Mann, der sich zu Männern hingezogen fühlt. Das gab's schon immer – und die Idee, dass daran etwas „krankhaft" sein könnte, kam erst viel später. Also sind Schwule auch nicht „belehrbar", „bekehrbar" oder gar „heilbar".
- Die Erziehung bestimmt, ob ein Mann schwul wird: Falsch. Die Erziehung spielt erwiesenermaßen überhaupt keine Rolle. Nur ob das Schwulsein ausgelebt wird oder nicht, hängt vom Umfeld und der Erziehung ab.
- Homosexualität ist unnatürlich: Falsch. Auch bei Tieren gibt es Homosexualität.
- Schwule sind Kinderschänder: Falsch. Manche Männer sind Kinderschänder – Heteros wie Homos. Sieht man die Statistiken an, stimmt noch eher, dass Priester Kinderschänder sind.

- Homosexualität ist ansteckend: Falsch. Es gibt aber die sogenannte Not-Homosexualität in Gefängnissen oder beim Militär. Sie ist eine Folge dessen, dass manchen Männern Sex oft wichtiger ist, als mit wem sie Sex haben. Allerdings wird ein Hetero-Mann, der im Gefängnis Sex mit einem anderen Mann hatte, wieder ausschließlich mit Frauen Sex haben, wenn er frei ist.

Also keine Angst: Schwulsein ist ebenso wenig ansteckend wie Rothaarigkeit. Als souveräne Heteros freuen wir uns, dass es für uns weniger Konkurrenz gibt und gönnen den schwulen Jungs ihren Spaß.

42. Wie geht Windeln wechseln?

Viel einfacher, als Mann zu Anfang annimmt. Das Schwierigste daran ist, das Baby während des Wickelns abzulenken, damit es nicht zu sehr herumzappelt, und es davon abzuhalten, sich vom Wickeltisch zu stürzen. Das schaffst du, indem du ihm ein Spielzeug in die Händchen drückst oder lustige Grimassen ziehst und indem du das Wickeln so weit wie möglich nach unten verlegst – am sichersten gleich auf eine Decke auf dem Fußboden. Und hier das Zehn-Stufen-Programm zum Windelnwechseln:

1. Die Vorbereitung: frische Windel, Baby-Feuchttücher oder feuchten Waschlappen und notfalls auch frische Babykleidung bereitlegen (muss alles in Reichweite sein!). Dann den unteren Teil des Stramplers öffnen bzw. Hosen und Strumpfhosen herunterziehen, bis du freien Zugang zur Windel hast – das Baby ganz ausziehen ist unnötig.
2. Noch mal genau hinsehen, wie die alte Windel befestigt ist, und gut merken!
3. Klebestreifen oder Klettverschlüsse links und rechts an der Windel öffnen.
4. Mit der freien Hand Babys Füßchen bändigen und nach oben halten.
5. Den vorderen Teil der Windel aufklappen, Babys Po leicht anheben, Windel zuklappen und noch als Unterlage liegen lassen.
6. Dann vorsichtig Genitalbereich und Po mit Feuchttüchern oder Waschlappen reinigen – bei

Mädchen immer von vorne nach hinten, um Entzündungen zu vermeiden. Die benutzten Tücher kannst du gleich auf der schmutzigen Windel deponieren.

7. Wenn das Baby einigermaßen sauber ist, vorsichtig die schmutzige Windel wegziehen (und später mit Hilfe der Klettverschlüsse zu einem handlichen Paket zusammenpacken).
8. Die saubere Windel unter Babys Po ziehen, und zwar mit der Seite, an der die Klett- oder Klebeverschlüsse sind.
9. Die Vorderseite zwischen Babys Beinen hindurchziehen, vordere und hintere Hälfte auf ungefähr dieselbe Höhe bringen und die Vorderseite mittig ausrichten. Bei einem Jungen darauf achten, dass der Penis nach unten zeigt, damit der Kleine nicht seitlich oder nach oben hin ausläuft.
10. Dann die Klett- oder Klebestreifen links und rechts verschließen, sodass zwischen Windel und Baby noch ein Finger passt.

Abschließend ziehst du die/den Kleine/n wieder an, entsorgst die alte Windel (möglichst weit weg damit) und wäschst dir die Hände. Dann wird es Zeit für ein bisschen frische Luft, um abzuschalten und wieder an angenehmere Dinge zu denken – wie die überfällige Steuererklärung.

43. Ist der Multiple Orgasmus wirklich nur was für Frauen?

Sieht leider ganz so aus. Selbst als Teenager oder mithilfe von Viagra ist es für uns Männer kaum möglich, ohne Erholungspause in kürzester Zeit mehrere Höhepunkte zu erleben (und erst recht nicht zu überleben). Frauen hingegen können sich nach einem Orgasmus auf einem Erregungsniveau halten, das ihnen mehrere kurz aufeinanderfolgende Orgasmen ermöglicht – ganz schön unfair!

Das ist aber noch lange kein Grund dafür, sich durch Neid den ganzen Tag vermiesen zu lassen. Trösten kannst du dich nämlich damit, dass Frauen nicht ganz so oft und so leicht zum Orgasmus kommen wie wir Männer – Mutter Natur mag zwar eine Frau sein, aber ganz ungerecht ist sie deswegen eben doch nicht. 30 Prozent aller Frauen haben selten oder nie einen Orgasmus und nur 13 Prozent hatten schon mal einen multiplen Orgasmus. Von uns Männern haben dagegen 99 Prozent selten oder nie keinen Orgasmus und 0 Prozent einen multiplen Orgasmus. Wir Männer sind da eben einfach konsequenter.

Quelle: Sex-Report

44. Was sind die gefährlichsten Fallen beim ersten Date?

Du hast eine faszinierende Frau kennengelernt, den ersten Flirt bravourös gemeistert und jetzt steht das erste Date vor der Tür. Damit es auch ein zweites gibt, solltest du einen großen Bogen um folgende Fallgruben machen:

Falle 1: Über deine Ex herziehen oder mit deinen letzten Eroberungen angeben: Keine Frau will sofort etwas über ihre Vorgängerinnen wissen (manche sogar am liebsten nie).

Falle 2: Ohne Punkt und Komma quatschen: Frau redet sehr gerne – beweise also auch deine Qualitäten als Zuhörer. (Wie das geht? Ohren auf, Klappe zu und ab und an zustimmend nicken oder brummen ...)

Falle 3: Blickkontakt meiden, steif wie ein Stock dasitzen und den Mund nicht aufkriegen: Das Gegenteil von Falle 2, auch nicht besser als Dauerquatschen. Sie fragt sich so oder so, was sie hier überhaupt soll, und wird schnell die Flucht ergreifen.

Falle 4: Schon nach fünf Minuten über Sex, Heiraten, Kinder und gemeinsame Zukunftspläne sprechen: Sie will dich sicher erst mal genauer kennenlernen – wer jetzt schon übers Ziel hinausschießt, muss damit rechnen, dass sie die Notbremse zieht.

Falle 5: Das typische Neandertaler-Problem: Ungepflegt, verschwitzt, in Gammelklamotten und nach altem Kopfkissen riechen. Du musst dich äußerlich schon etwas in Form bringen, um ihr dein

Interesse zu signalisieren. Dabei darfst du ihr natürlich keinesfalls die Schau stehlen. (Aber das kleine Schwarze wirst du ja ohnehin kaum anziehen ...)

Falle 6: Ihr all deine Fehler, Macken und Probleme aufzählen: Sie ist deine Verabredung und nicht deine Psychotherapeutin! Beim ersten Date sollte sie erst mal deine guten Seiten kennenlernen – mit den schlechten wird sie ja sicher noch früh genug Bekanntschaft schließen.

Falle 7: Schlechte Manieren. Sie wird dir verzeihen, wenn du ihr nicht jede Tür aufhältst oder die Zentralverriegelung vorziehst, anstatt ihr erst mal aus dem Auto zu helfen; aber wer in der Nase bohrt, rülpst, schmatzt, sich hemmungslos besäuft oder mit Frauen am Nebentisch flirtet, fliegt schon nach der ersten Runde raus.

45. Wie lese ich einen Kompass?

Einen einfachen Magnetkompass zu lesen, ist extrem simpel:

1. Kompass waagerecht halten, damit sich die Nadel (oder Kugel oder Scheibe, je nach Modell) frei drehen kann.
2. Sich mit dem Kompass in der Hand so lange langsam um die eigene Achse drehen, bis die Nadel (oder die entsprechende Markierung) auf das N am Rand des Kompasses zeigt. Jetzt schaust du genau nach Norden. (Wenn dir nun die Sonne ins Gesicht scheint, ist dein Kompass entweder kaputt, du befindest dich in Polnähe oder du hast etwas falsch gemacht ...) Die Buchstaben O, S und W am Rand des Kompasses zeigen dir an, wo Osten, Süden und Westen sind.

Das war schon immer so und wird auch so bleiben, weil die Erde wie ein riesiger Magnet ist – mit zwei magnetischen Polen, die übrigens nicht mit den geographischen Polen übereinstimmen. Es sind magnetische Pole, die nämlich wandern. Zurzeit sind sie etwa 2 000 km voneinander entfernt. Du kannst dir ausrechnen, dass du spätestens in Lappland Probleme hast, wenn du dich ausschließlich auf das Teil verlässt. Du musst also noch Folgendes beachten:

Deklination: Damit ist das oben beschriebene Problem gemeint – und heißt so viel wie Ortsmissweisung. Wenn du weißt, auf welcher Breite du dich befindest, kannst du die Deklination ausgleichen. Aber das ist etwas tricky und vor allem dann wichtig, wenn du in Grönland oder Nordfinnland unterwegs bist.

Deviation: Die Ablenkung, die durch andere Magnetfelder verursacht wird, wie beispielsweise die in deinem Auto. Wenn du einen Kompass in irgendein Fahrzeug (deinen Privatjet, deine Yacht) einbauen willst, muss man den Kompass so einstellen, dass die Magnetfelder kompensiert werden.

Inklination: Die Kompassnadel folgt den Feldlinien des Magnetfelds. Und die verlaufen ja nicht flach über den Erdboden, sondern steigen an und treten dann am Pol ein. Das heißt wiederum, dass sich die Nadel nicht nur nach Norden, sondern auch nach oben bewegt – und das (in unseren Breiten) weitaus stärker. Dem hilft man mit Gewichten ab und das bedeutet, dass du nicht jeden Kompass überall auf der Welt einsetzen kannst. Durch Unterschiede im Magnetfeld der Erde gibt es verschiedene Zonen, für die es wiederum spezielle Kompasse gibt. Dein hier funktionierender Kompass wird dich deshalb in Australien möglicherweise in die Wüste schicken, aber nicht nach Norden (was ein- und dasselbe sein kann).

Du siehst, ganz so einfach ist es doch wieder nicht, im Gegensatz zu einem GPS (Global Positioning System). Diese Teile gibt es nicht nur fürs Auto, sondern auch als tragbare Geräte. Mittlerweile werden sogar schon Handys mit GPS angeboten, aber dann ist wieder der Akku leer ... So gesehen hat der gute alte Kompass eben doch auch seine Vorteile.

46. Haben auch Männer Chakren?

Möglicherweise fragst du dich, was zum Teufel ein Chakra ist. Kommt gleich. Aber zunächst mal: Ja, auch Männer haben Chakren und sogar die gleichen wie Frauen – sowohl die altindischen Yoga-Lehren, auf die das zurückgeht, als auch die moderne Esoterik praktizieren hier Gleichberechtigung. Hier kurz die Basics:

- Chakren sind Energiezentren im menschlichen Körper. Allerdings handelt es sich nicht etwa um die Energie, an die du dich vielleicht aus dem Physikunterricht erinnerst, sondern um „feinstoffliche Energie". Das bedeutet, dass du praktisch ganz schnell zum Experten für feinstoffliche Vorgänge werden kannst. Behaupte einfach irgendetwas: Keiner wird dir das Gegenteil beweisen können.
- Die Chakren sind „Energiewirbel", die Organe und Körperbereiche mit Energie versorgen und für Gesundheit, seelisches und geistiges Wohlbefinden verantwortlich sind.
- Von den Tausenden von Chakren, die in traditionellen indischen Schriften erwähnt werden, sind in der Esoterik glücklicherweise nur sieben Haupt-Chakren übrig geblieben.

Chakra	**Lage**	**Thema**
Wurzel-Chakra	Steißbein	Überleben, Urvertrauen
Sakral-Chakra	drei Finger unter dem Nabel	Sinnlichkeit, schöpferische Kraft
Nabel-Chakra	drei Finger über dem Nabel	Willenskraft, Persönlichkeit
Herz-Chakra	Brustmitte	Liebe, Güte, Mitgefühl
Hals-Chakra	Kehlkopf	Kommunikation, Sprache, Kreativität
Stirn-Chakra	Stirnmitte	Intuition, Selbsterkenntnis
Kronen-Chakra	Scheitel	Spiritualität, Erleuchtung, Selbstverwirklichung

Und was machst du nun mit deinen Chakren? Interessante Gespräche mit Frauen führen, die an Chakren glauben. Es ist ja auch nicht so, dass das Ganze nur Quatsch wäre. Die alten Inder waren ja nicht doof. Einmal über die verschiedenen Kräfte nachzudenken, die dein Leben bestimmen, schadet sicher nicht.

73 Prozent aller Frauen glauben angeblich an Chakren. Deshalb sollte ein richtiger Mann ein bisschen Bescheid darüber wissen.

Quelle: *Esotera*

47. Wie funktioniert „Kümmere dich mehr um deine Gesundheit“?

Das schließt drei wesentliche Schritte ein: gesünder essen, mehr bewegen und Risikofaktoren ausschalten. Aber der Reihe nach:

1. **Gesünder essen**
   Funktioniert ganz einfach nach dem Gut-und-Böse-Prinzip (und löst damit heute in vielen Fällen ein ähnliches Schuldbewusstsein aus wie früher nur die katholische Kirche): „Gut“ sind Obst und Gemüse, fett- und kalorienarme, frisch zubereitete kleine Portionen. „Böse“ sind Fett, Zucker, Fast Food (auch wenn eine Tomatenscheibe und ein Salatblatt im Burger versteckt sind), Snacks, viel Fleisch, Süßkram, Knabberzeug und Alkohol (wegen des Bierbauch-Effekts).
2. **Mehr bewegen**
   Muss nicht zwangsweise Sport bedeuten, sondern kann auch fast nebenbei erledigt werden: selbst zum Kühlschrank gehen, Treppen statt Aufzug benutzen, kurze Entfernungen zu Fuß oder mit dem Rad zurücklegen. Von Sex wird auch immer wieder behauptet, dass er eine Menge Kalorien verbrennt … und das Immunsystem per Hormonausschüttung auf Trab bringt.
   Effektiver ist es allerdings, mindestens drei Mal pro Woche eine halbe Stunde zu trainieren, beispielsweise zu joggen, Rad zu fahren, zu walken oder wenigstens flott an der frischen Luft spazieren zu gehen. Auch eine tägliche Runde Sit-

ups, Liegestütze und ähnliches hat auf Dauer ganz gute Effekte.

3. **Risikofaktoren ausschalten**

   Jetzt geht es ans Eingemachte: Dass Zigaretten, Alkohol, Drogen, Übergewicht oder negativer Stress nicht gesund sind, weiß jedes Kind. Wer diese Krankmacher ausschaltet oder wenigstens deutlich einschränkt, kann damit umso leichter punkten und sich werbewirksam „um seine Gesundheit kümmern“. Er wird ganz nebenbei nach einer Weile merken, dass es ihm irgendwie besser geht als vorher – das Durchhalten lohnt sich hier also wirklich! Und nicht vergessen: Auch kleine Schritte führen ans Ziel …

48. Wie geht „cool sein"?

Am coolsten ist Mann natürlich im Tiefkühlfach des Leichenschauhauses. Aber tot sein ist dann irgendwie doch nicht so richtig cool, da dies eher mit „lässig", „sexy" und „gelassen" assoziiert wird als mit mausetot.

Andererseits schadet ein bisschen tot nicht, denn Emotionen zeigen coole Männer selten – sollen sie ja auch gar nicht zeigen. Frauen meckern nämlich gerne darüber, dass ihr Partner so wenig redet und kaum Gefühle zeigt, andererseits sind sie von James Bond mit seinem (wenn auch freundlichen) Pokerface, der selbst unter Krokodilen noch die Fassung bewahrt und Frauen behandelt, als seien es schnurrende Barbiepuppen, schwer beeindruckt. Willst du also cool sein, dann

- bewege dich bloß nicht zu viel,
- gehe langsam und sprich nicht zu schnell (am besten sagst du kein Wort und murmelst nur ab und an unverständlich vor dich hin),
- trainiere vor dem Spiegel, so treudoof zu gucken wie Sylvester Stallone alias Rocky, und behalte den Gesichtsausdruck bei – egal ob auf dem Zahnarztsessel, vor deinem Frühstücksei oder beim Orgasmus,
- gewöhn dir kindische Gefühlsregungen wie Freude, Trauer, Begeisterung, Wut oder Enttäuschung ab und denke daran: immer schön cool bleiben ...,

- lache nicht lauter als ein heiserer Biber und weine um Gottes Willen nicht. Niemals, egal, was passiert!

Ach so, ja, es gibt dann noch die etwas weiter gefasste Definition von cool, nach der eigentlich so ziemlich alles cool ist, sofern es nicht gerade ausgesprochen uncool ist. Hier ein paar Beispiele:

- Setze Baseballkappen verkehrt herum auf,
- zieh deine Unterhose bis über den Bauchnabel, während du den Hosenbund auf den Oberschenkeln schlackern lässt,
- kombiniere teure Armani-Anzüge mit T-Shirts mit dem Konterfei des rosaroten Panthers und trage gelbe Nikes,
- bestell im Fünf-Sterne-Restaurant Fanta zum Essen,
- würze deine Spaghettisoße mit einem Hauch Ingwer und einem Esslöffel Pfefferminzschokolade,
- nenn deine Freundin „Bisam-Maus“ oder „Saftquetsche“,
- lass den Golfschläger aus dem Rückfenster des Autos herausschauen,
- lass dir Mickey Mouse auf die Fußsohlen tätowieren.

Und das Tolle daran ist: Was heute noch voll cool ist, kann morgen schon total meschugge sein. Ist doch echt cool, oder?

49. Wie kriege ich mein Cholesterin wieder runter?

Zuerst einmal: Cholesterin schadet an sich nicht, sondern ist ein ganz normaler und wichtiger Stoff, der zu 90 Prozent vom Körper selbst hergestellt und nur in geringen Mengen über die Nahrung aufgenommen wird. Die wörtlich übersetzt „feste Galle" (griechisch chole = Galle und stereos = fest) wurde erstmals im 18. Jahrhundert in Gallensteinen gefunden, daher auch der Name.

Im Hinblick auf den Cholesterinspiegel gibt es neue Erkenntnisse: LDL-Cholesterin (Low Density Lipoprotein) ist quasi der böse Wolf, da sich damit Plaques in den Wänden der Blutgefäße ablagern und das Arteriosklerose-Risiko erhöhen. Das „gute" Rotkäppchen ist das HDL-Cholesterin (High Density Lipoprotein), das das Cholesterin wieder aus dem Körper schafft und aus den Wänden der Blutgefäße löst – es schützt also vor Herzinfarkt & Co.

Wie hoch deine Cholesterinwerte sein dürfen, ist aber fast schon Geschmackssache. Wissenschaftler sind sich einige, dass man keine allgemein gültige Pauschalaussage treffen kann – Pharmaunternehmen (die Cholesterinsenkendes im Programm haben) empfehlen deutlich niedrigere Werte als Metzgermeister.

Inzwischen ist sich die Wissenschaft auch gar nicht mehr so sicher, ob hohe Cholesterinwerte wirklich so fatal sind, wie in den letzten 20 Jahren behauptet. Dennoch: Der Risikofaktor für Herz-Kreislauf-Erkrankungen steigt, wenn der (LDL-)

Cholesterinspiegel erhöht ist. Hier die derzeit gültige Empfehlung:

LDL niedriger als 160mg/dl Blutserum,
HDL höher als 35mg/dl Blutserum.

Für zu hohe Cholesterinwerte wird insbesondere die Ernährung verantwortlich gemacht. LDL-Cholesterin kommt vor allem in vielen tierischen Lebensmitteln vor, und die spielen in unseren Essgewohnheiten meistens eine zu große Rolle. Um dein Cholesterin wieder runterzukriegen, musst du also deine Ernährung umstellen – und zwar so:

- Fettärmere Ernährung (fettarmer Joghurt statt normalem, Handkäse statt doppelrahmstufigem Camembert, Knäckebrot statt Sachertorte, Putenschnitzel statt Schweinebraten).
- Tierische Fette (Butter, Schmalz) durch pflanzliche ersetzen: Olivenöl, Sonnenblumenöl, Distelöl, Rapsöl, Maiskeimöl und Margarine (mit möglichst wenig gehärteten Fettsäuren).
- Weniger Fleisch essen und wenn Fleisch, dann Sorten mit hohem Eiweißanteil und niedrigem Fettgehalt – oder am besten gleich möglichst oft fettarmen Fisch essen.
- Ballaststoffreiche Ernährung: Vollkornprodukte sowie viel Salat und Gemüse.
- Cholesterinreiche Lebensmittel vermeiden: Dazu gehören vor allem Eigelb und Innereien, aber auch fette Fleisch-, Fisch-, Wurst- und Käsesorten.

Falls du einige Kilos zu viel auf den Rippen hast, lohnt es sich, gleichzeitig kräftig abzuspecken, denn mit dem Übergewicht verschwinden oft auch die erhöhten Cholesterinwerte ganz von allein. Das funktioniert aber nicht mit einer kurzen Diät: Du musst deine Ernährung schon auf Dauer umstellen und dich mit gesünderen Essgewohnheiten anfreunden. Ausreichend Bewegung tut ein Übriges. Und ein bisschen Geduld solltest du auch mitbringen – es dauert schon ein paar Wochen oder gar Monate, bis der Erfolg sich im Blutbild niederschlägt.

Quellen: AID Infodienst Verbraucherschutz; *Focus*

50. Was, wenn sie immer noch an ihrem Ex hängt?

Tja, da wirst du ihren Ex wohl abhängen müssen – oder du schickst sie gleich in die Wüste, weil eine Frau, die noch an ihrem Ex hängt, offensichtlich nicht mit ganzem Herzen bei der Sache ist. Wenn du trotzdem um sie kämpfen willst, musst du dich allerdings besonders gut in Szene setzen. Hier die fünf besten Tipps:

1. Finde unauffällig heraus (am besten über gemeinsame Freunde), was zwischen ihr und ihrem Ex nicht geklappt hat und wie die Beziehung so war. Dann spielst du seine Schwächen gegen ihn aus und gibst ihr das, was sie bei ihm immer vermisst hat – dann müsste es eigentlich schon klappen ...
2. Hab ein offenes Ohr für das, was damals alles schiefgelaufen ist. Je mehr sie über ihn schimpft und klagt, desto besser – kann sie oft darüber reden, wie schlimm es mit ihm war, wird sie seine besseren Seiten bald vergessen.
3. Sei aufmerksam und verständnisvoll, aber laufe ihr nicht zu offensichtlich nach. Sonst läufst du nämlich Gefahr, dass sie sich nur von dir trösten lässt, bis sie ihn doch wieder rumgekriegt hat. Je selbstbewusster und souveräner du dich gibst, desto anziehender wird sie dich finden. Also: Sei nicht immer gleich zur Stelle, sondern gehe auch mal alleine aus!

4. Halt sie, so oft es geht, davon ab, Kontakt mit ihm aufzunehmen – aber nicht durch Verbote. (Damit stachelst du sie nur an.) Lade sie zufälligerweise gerade dann ins Kino ein, wenn sie ihn treffen könnte, oder verführe sie spontan, sobald sie zum Telefonhörer greift.
5. Verkneif dir deine Eifersucht! Natürlich kannst du zugeben, dass du eifersüchtig bist, dass er der tollsten Frau der Welt den Kopf verdreht hat. Aber benimm dich niemals wie ein wild gewordenes Pavianmännchen, das in seinem Harem einen Rivalen entdeckt hat – damit würdest du sie nur verschrecken und schnell in seine Arme zurücktreiben. Das Blöde nämlich ist: Je mehr du klammerst, desto mehr entgleitet sie dir. Und je besser du loslassen kannst, desto mehr wird sie auf dich abfahren (ungerecht, aber wahr …).

51. Wie geht Hypnose?

Wahrscheinlich hast du schon mal von Hypnose gehört, weißt aber nicht allzu viel darüber. Vielleicht verbindest du sie mit Magie, Esoterik oder schlichtweg Scharlatanerie. Es gibt immer noch Menschen, die das Bild eines Magiers mit stechendem Blick vor Augen haben, der dem Hypnotisierten seinen Willen aufzwingt. Und immer noch hält sich hartnäckig die Vorstellung, dass Hypnose eine Art Duell zwischen Hypnotiseur und Hypnotisiertem ist. Das ist Quatsch.

Hypnose ist ein Zustand des Gehirns, der sich – durch EEG-Messungen belegt – von Wachsein und Schlaf klar unterscheidet. Eine gewisse Ähnlichkeit besteht zur Meditation: Es handelt sich ebenfalls um einen Zustand, der von Entspannung, starker Konzentration und dem Ausblenden von Wahrnehmungen gekennzeichnet ist.

Was in Hypnose NICHT möglich ist:

- Du wirst keine übersinnlichen Fähigkeiten entwickeln.
- Du wirst nichts tun können, was du nicht auch im Wachzustand tun könntest.
- Du wirst dich nicht an frühere Leben erinnern.
- Du wirst kein Supergedächtnis bekommen.
- Du wirst nicht „magisch“ geheilt.

Aber:

- Du wirst Dinge tun können, die dir im Wachzustand sehr schwerfallen (beispielsweise deinen Arm eine halbe Stunde lang heben).
- Du wirst dich an Dinge erinnern können, die dir sonst nur nach sehr langem Nachdenken einfallen.
- Du wirst Ängste überwinden und Schmerzen abstellen können.
- Du wirst deine Fantasie ohne Hemmung nutzen können (und beispielsweise interessante Geschichten über „frühere Leben" produzieren).
- Das Immunsystem wird angekurbelt (unabhängig von der Suggestion).

Praktisch jeder Mensch ist hypnotisierbar, allerdings zu einem unterschiedlichen Grad. Jemand ist umso einfacher zu hypnotisieren, je mehr Vertrauen er in den Hypnotisierenden hat, je motivierter er ist, je kreativer und fantasievoller und je besser er innere Bilder lebendig erleben kann. Nicht zu hypnotisieren sind geistig stark unterentwickelte Personen, Kleinkinder und Menschen mit starken Konzentrationsstörungen. Blinde sind nur schwer zu hypnotisieren, Hörbehinderte gar nicht.

Kann es passieren, dass man aus einer Hypnose nicht mehr aufwacht?
Nein – schon allein deshalb nicht, weil man ja in Hypnose nicht schläft! Schläft man während einer Hypnosesitzung ein, ist man nicht mehr in Hypnose,

sondern schläft – und wacht ganz normal, wie nach einem entspannten Schlaf, wieder auf.

Besteht im Zustand der Hypnose die Gefahr des (sexuellen) Missbrauchs?

Nein, es besteht keine Gefahr, in Hypnose, ohne etwas zu merken, missbraucht zu werden.

Kann man in Hypnose zu Verbrechen angestiftet werden?

Nein, diese Möglichkeit besteht nur in Krimis. Es ist noch kein einziger Fall bekannt geworden, in dem dies tatsächlich passiert ist. Prinzipiell kann man in Hypnose nur zu Handlungen veranlasst werden, die man im Wachzustand auch tun würde.

Kann es passieren, dass man in Hypnose Geheimnisse oder Peinlichkeiten preisgibt, die man nicht erzählen will? Wie weit kann die Willenlosigkeit in der Hypnose gehen?

In Hypnose ist man nicht willenlos. Ein Beharren des Hypnotiseurs auf Dinge, die der Klient nicht tun oder sagen will, bleibt nicht nur erfolglos, sondern führt zur Auflösung des Trancezustands.

Was dich vielleicht am meisten interessiert: *Kannst du selbst jemanden hypnotisieren?* Ja, klar, das ist gar nicht mal so schwierig. Am wichtigsten ist der sogenannte „Rapport“, die vertrauensvolle Verbindung zwischen dir und demjenigen, den du hypnotisieren möchtest. Du musst einfach darauf achten, dass du keinen Widerstand erzeugst. Allem, was du sagst, sollte der zu Hypnotisierende zustimmen können. Deshalb funktionieren auch direkte Suggestionen praktisch nie: „Du schläfst jetzt ein … du schläfst ganz tief …“ funktioniert nur im Film oder bei Menschen, die unbedingt schnell hypnotisiert werden wollen. Hier eine kleine Anleitung:

„Du hörst meine Stimme ... wenn du willst, kannst du die Augen schließen ... das ist angenehm, nicht wahr? Und wenn du möchtest, kannst du dich noch tiefer entspannen ... Und während du die Geräusche von draußen hörst, kannst du noch tiefer entspannen, wenn du willst ... meine Stimme begleitet dich ... Du denkst deine Gedanken und fühlst deine Gefühle und kannst dich ganz wohl und entspannt fühlen ...“ Das etwa zehn Minuten fortsetzen und immer wieder auf die Stimme hinweisen. Anschließend damit beginnen, Suggestionen vorzugeben, beispielsweise: „Und wenn du auf deine Arme achtest, ist einer schwerer und einer leichter ... wenn du dich auf den leichten Arm konzentrierst, kannst du spüren, wie er sich von selbst hebt ... du musst nichts tun ... wenn du willst, kannst du einfach locker lassen und beobachten, wie er sich hebt ... versuche ihn unten zu lassen ... aber es ist ja viel leichter, einfach loszulassen und zuzusehen, wie der Arm sich hebt ... “

Wenn du bis dahin alles richtig gemacht hast und dein Gegenüber in Hypnose ist, wird sich sein Arm heben und er wird das Gefühl haben, dass das ganz von allein passiert, und sich darüber wundern ... Dann kannst du ihm noch ein paar Suggestionen vorgeben, die darauf hinauslaufen, dass er sich wohlfühlt, gut drauf und voller Energie ist, wenn er aufwacht. (Bitte übertreib es nicht: Du bist kein Therapeut, versuche also nicht, schwere Probleme zu lösen. Das klappt nicht!) Am besten erzählst du eine kleine Geschichte, in der der Held eine Schwierigkeit meistert.

Beende die Hypnose so:

„Wenn ich jetzt von 10 bis 1 zähle, kommt mit jeder Zahl neue Kraft und Energie in deinen Körper, du wirst immer wacher und kraftvoller und kommst immer mehr ins Hier und Jetzt zurück. Wenn wir bei der Zahl 1 angelangt sind, wirst du hellwach und voller Kraft und Zufriedenheit sein. 10 – langsam wirst du wacher – 9 – immer ein wenig kraftvoller – 8 – 7 – 6 – immer mehr Energie – 5 – 4 – alle Müdigkeit flieht – 3 – du wirst immer wacher – 2 – hellwach – 1. Du bist jetzt wieder ganz und gar im Hier und Jetzt und hellwach."

Diese Ausleitung ist wichtig, sonst kann dein Partner eine Weile etwas desorientiert sein und Kopfschmerzen bekommen ... Du siehst also: Hypnose ist keine Zauberei.

Quelle: Institut für Personale Integration

52. Wie funktioniert selber kochen?

Gar nicht so schwierig, wie Mann sich das oft vorstellt: Der Brockhaus stellt dazu fest, dass unter Kochen im weiteren Sinn jede Form der Zubereitung von Lebensmitteln durch Erhitzen verstanden wird. Genau genommen also auch, einen Toast in den Toaster zu stecken – diese Definition ist dann wohl doch etwas sehr dehnbar …

Männer wie Paul Bocuse, Eckart Witzigmann oder auch Tim Mälzer und Jamie Oliver beweisen ja, dass uns Männern das Kochen im Blut liegen sollte – oder weißt du auch nur eine prominente Sterneköchin? Aber dennoch ist uns das Kochen leider nicht in die Wiege gelegt worden. Und da viele Frauen Feinschmecker sind, merken sie das auch. Deshalb solltest du vorsichtig sein, deiner neuen Flamme gegenüber zu erwähnen, dass du dir gerne selber mal etwas Feines kochst – das Erhitzen von Fertiggerichten in der Mikrowelle oder dreimal täglich Spiegeleier mit Speck lassen die meisten Frauen nicht gelten.

Da kochende Männer heutzutage bei den inzwischen eher kochfaulen weiblichen Wesen im Vorteil sind, lohnt es sich allemal, in einer stillen Stunde ein paar Übungseinheiten am heimischen Herd einzulegen. Keine Angst: Kochen ist eigentlich kaum schwieriger als die ersten Experimente mit dem Chemiebaukasten. Der wesentliche Unterschied ist nur, dass das Kochergebnis weder stinkende Rauchschwaden noch laute Explosionen einschließen sollte. Und dass man das Resultat zu sich nehmen muss …

Um so richtig kochen zu lernen brauchst du vor allem ein gutes Kochbuch für **Anfänger**, das auch Zubehör, Zutaten und Grundtechniken ausführlich erklärt. So beugst du der Verwirrung vor, die knappe Anweisungen wie: „Aus Butter, Mehl und Milch Béchamelsoße zubereiten und mit Eigelb legieren“ unweigerlich hervorrufen. Hilfreich sind außerdem:

- mindestens zwei Töpfe
- eine Pfanne
- ein paar Kochlöffel
- scharfe Messer (kleine und große, mit und ohne Zacken)
- eine Menge Experimentierfreude und waghalsige Freunde
- ein robuster Magen und/oder
- die Nummer des nächstgelegenen Sushi-Service für Notfälle.

Wichtig: Fang nicht gleich mit Saltimbocca und hausgemachten Spinatspätzle an, sondern probier lieber erst mal einfache Pasta-Rezepte aus (Nudeln kochen kann jeder Depp und bei den Soßen kann man mit viel Kreativität in der Pfanne zaubern). Sobald dir die ersten Gerichte einigermaßen zufriedenstellend gelungen sind (zumindest essbar), testest du deine Kreationen an deinen experimentierfreudigen Freunden, sorgst für die nötigen Geschmackskorrekturen – und schon kannst du mit Stolz verkünden, dass du perfekt „selber kochen“ kannst.

PS: In Deutschland stehen übrigens immer noch deutlich mehr Frauen am Herd als Männer. Laut

Umfragen kochen 72 Prozent der Frauen regelmäßig, während nur 44 Prozent der Männer zum Kochlöffel greifen. Laut Ernährungsbericht 2004 „zeigen 46 Prozent der männlichen Bevölkerung ab zwölf Jahren keinerlei Beköstigungsaktivitäten und werden offenbar vollständig von weiblichen Personen beziehungsweise Außer-Haus-Verpflegungseinrichtungen versorgt [...]"

Bei vielen Männern (die ohnehin oft viel Zeugs lesen müssen) klappt es einfach nicht mit dem Kochbuch. Dafür sind „Kochkurse (auch) für Männer" voll im Trend. Du findest sie in jeder größeren Stadt nicht nur in der VHS, sondern auch über Singlebörsen in schicken Kochstudios. Kochen (dann allerdings im gemischten Doppel) gilt unter Singles als eine der effektivsten Anbandelungsmöglichkeiten ...

Quellen: Deutsche Gesellschaft für Ernährung; WDR; *Das Haus*

53. Wie werde ich zum echten Whisky-Kenner?

Heißt es nun Whisky oder Whiskey? Da geht's nämlich schon los ... In Irland und den USA heißt es Whiskey, in England und Schottland Whisky. Und was bedeutet der Name im Einzelnen? Dasselbe wie Aquavit – nämlich Lebenswasser. Komm aber bloß nicht auf die Idee, dass Aquavit ein Whisky ist! Letzterer leitet sich vom Schottisch-Gälischen uisge beatha (gesprochen: uschkeba) ab.

Die verschiedenen Bezeichnungen von Whisky beziehen sich zum einen auf die Getreideart, aus der der Whisky hergestellt wurde, zum anderen auf den Herstellungsprozess:

Malt: Whisky, der aus Malz (gemälzte Gerste) hergestellt wurde.
Rye: Whisky, der überwiegend aus Roggen hergestellt wurde (mindestens 51 Prozent).
Bourbon: Whisky, der überwiegend aus Mais hergestellt wurde (mindestens 51 Prozent) und mit maximalen 80 Volumenprozent Alkohol gebrannt und maximal 63 Volumenprozent Alkohol in neue ausgekohlte Fässer gefüllt wurde.
Single: aus einer einzelnen Brennerei (gebräuchlich u. a. für schottische Whiskys: Single Malt).
Straight: ebenfalls aus einer einzelnen Brennerei (gebräuchlich v. a. für amerikanische Whiskeys)
Blend: verschnittener (blended) Whisky, bei dem verschiedene Whiskysorten aus verschiedenen Bren-

nereien vermischt wurden. In manchen Produkten sollen sich bis zu 70 verschiedene Whiskys befinden.
Pure Pot Still: nur aus gemälzter und ungemälzter Gerste in klassischen Brennblasen (Pot Still) destilliert (hauptsächlich irische Premium-Whiskys).

Und wie trinken?

Natürlich kannst du dich mit Whisky sinnlos betrinken. Aber ein guter Whisky sollte genossen werden. Dazu musst du wissen:

- Whisky mit Wasser zu verdünnen, ist kein Verbrechen (anders als bei Wein), sondern setzt Aromastoffe frei. Die meisten im Handel erhältlichen Whiskys mit 40 bzw. 43 Volumenprozent Alkohol sind bereits mit Wasser auf Trinkstärke verdünnt worden. Trotzdem solltest du den Alkoholgehalt im Glas auf etwa 35 Prozent herabsetzen – das öffnet das Bouquet noch weiter.
- Whiskys, die in Fassstärke (rund 60 Prozent Alkohol) abgefüllt wurden, sollten auf jeden Fall verdünnt werden. Dadurch wird die Schärfe des Alkohols gemindert und die Aromen des Whiskys werden freigesetzt.
- Zum Verdünnen solltest du ein qualitativ hochwertiges, weiches und selbstverständlich kohlensäurefreies Wasser verwenden.
- Wahre Kenner nehmen echtes schottisches Quellwasser. Das ist allerdings auch ein wenig snobistisch. Gutes Leitungswasser (in Deutschland kein Problem) oder Tafelwasser tut's genauso.
- Schotten und Iren trinken ihren Whisky in der Regel mit Wasser im Verhältnis von etwa 1:1. In

einer Kneipe wirst du dort zum Whisky immer einen Krug Wasser bekommen.

- Whisky on the rocks, also mit Eiswürfeln, ist eine Unsitte, die zu einer Beeinträchtigung des Aromas führt, weil ein großer Teil der Geschmacksstoffe ausgefällt wird. Das kannst du mit bloßem Auge sehen, da der Whisky sichtbar trübe wird.
- Wenn du Whisky in einem Cocktail trinkst (was für den wahren Whisky-Freund undenkbar ist), solltest du einen guten Whisky verwenden, aber auf keinen Fall einen Single Malt – das wäre nicht nur sinnlose Verschwendung, sondern bringt nichts. Durch den rauchigen Charakter stört er den Geschmack des Cocktails. Canadian Whisky oder Bourbon Whisky sind da deutlich besser.
- Die Temperatur ist wichtig für die volle Entfaltung der Geruchs- und Geschmacksstoffe. Am besten ist Raumtemperatur (18°C). Wenn du Whisky eiskalt trinken willst, kannst du dir einen teuren schon mal sparen!
- Das richtige Trinkglas ist essenziell. Ideal ist eine Sherrytulpe oder ein Nosing Glass, das etwas fülliger ist als eine Sherrytulpe. Diese Gläser sind dünnwandig und nach oben verjüngt. Dadurch halten sie das Aroma. Die typischen Whiskygläser (Tumbler) sind nicht annähernd so gut.
- Das Alter des Whiskys ist nicht unwichtig, auch wenn es nicht alles sagt. Aber ein Zehnjähriger sollte es dann schon sein.

Ein guter Whisky ist nicht billig. Ganz edle Malts können mehrere hundert Euro kosten. Aber der Preis sagt nichts darüber aus, ob dir der Whisky auch schmeckt.

Clemens Dillman, Herausgeber der *Whiskymania News* meint dazu: „[…] ein absolutes Urteil über ein Genussmittel [ist] eine Absurdität. Auf der einen Seite ändert sich der Zustand des Genießers dauernd, von gut zu schlecht gelaunt, von entspannt zu angespannt, von neutraler Zunge zu einer Zunge, die südindisches Essen genossen hat. Auf der anderen Seite steht ein Naturprodukt, dessen Geschmack sich nicht nur von schottischem zu irischem und von amerikanischem zu thailändischem Whisky ständig ändert, sondern innerhalb Schottlands von Region zu Region und auch von Distillery zu Distillery und sogar von Fass zu Fass. Wer wagt es dort, allen Ernstes von einem besten Whisky zu sprechen? […] Wer sich allerdings ein Ziel setzen möchte, nach dem Motto, den will ich wenigstens einmal in meinem Leben probieren, dem empfehle ich entweder den 1948-er Macallan oder den 1972-er oder 1974-er Ardbeg. Man kann lange darüber diskutieren, ob diese Flaschen ihr Geld wert sind, in dem Sinne, was sich ansonsten damit kaufen ließe, aber sie bleiben als Whisky wirklich ein Genuss, den zu probieren ein Erlebnis ganz besonderer Güte ist."

Und wenn du dann mit anderen Genießern Whisky trinkst, sag nicht „Prost" – sondern „Sláinte!".

Quelle: Whiskymania News

54. Warum können wir Männer nicht zuhören?

Natürlich haben auch Männer Ohren. In Deutschland geht man zwar von rund 13,3 Millionen Hörgeschädigten aus, doch die Zahl der Hörgeräte ist einigermaßen gerecht auf Mann und Frau verteilt. Die Frage ist also eigentlich überflüssig. Falls dir aber mal wieder von (d)einer Frau vorgeworfen wird, dass Männer nicht zuhören könnten, kannst du das mit folgenden Fakten widerlegen:

1. Männer und Frauen haben im Laufe der Evolution unterschiedliche Techniken des Zuhörens entwickelt. Frauen – die sowieso das größere kommunikative Talent besitzen (das Kompliment sorgt dafür, dass sie dir nicht widerspricht) – brennen, wenn sie zuhören, ein wahres Feuerwerk an Mimik, zustimmenden Lauten und Satzpartikeln ab, die ihre emotionale Beteiligung am Gehörten ausdrücken, während Männer wesentlich zurückhaltender sind. Unser Mienenspiel ist äußerst dezent, weil sich unsere Gefühle nun mal eher in unserem Innern abspielen. Verbal beschränken wir uns gerne auf kurze Brummtöne und leichtes Kopfnicken – schließlich wollen wir unser Gegenüber nicht ständig unterbrechen. Wir hören also durchaus zu, auch wenn es aus weiblicher Sicht vielleicht nicht danach aussieht.
2. Frauen und Männer erzählen aus unterschiedlichen Beweggründen. Während wir Männer vor allem den Mund aufmachen, um wichtige Infor-

mationen auszutauschen und nach der Lösung eines Problems zu suchen, reden Frauen, um ihre Emotionen mitzuteilen, um mit ihren Zuhörern in Kontakt zu treten und soziale Bindungen zu pflegen. Wenn Mann den Redefluss einer Frau nun mit einem Lösungsvorschlag unterbricht („Dann bring das Auto doch in die Werkstatt, wenn es dauernd absäuft!"), begeht er in ihren Augen eine Todsünde: Er würgt sie ab und nimmt ihr die Gelegenheit, weiter von ihren Erlebnissen zu erzählen. In diesen Momenten sollte Frau sich darüber klar werden, dass ihr aus männlicher Sicht gerade etwas Gutes getan wurde – er hat ihr zugehört, ihr Problem erkannt und ihr einen Weg präsentiert, wie sie es lösen kann. Vielleicht liegt das Problem des Zuhörens ja in Wirklichkeit bei den Frauen? (Oder ist lösungsorientiert womöglich gar nicht besser als problemorientiert? Doch begeben wir uns lieber gar nicht erst auf das Glatteis der Philosophie …)

3. Für Männer wäre das Zuhören oft leichter, wenn Frauen sich zumindest manchmal besser auf die männlichen kommunikativen Strategien einstellen würden. Frauen neigen leider dazu, möglichst indirekt eine ganze Weile um den heißen Brei herumzureden, bevor sie mit dem rausrücken, was sie eigentlich wollen – und sind dann beleidigt, weil wir nicht Gedanken lesen können und ihre geheimsten Wünsche nicht erraten haben. Dabei meint Frau es gar nicht böse, sondern merkt nur nicht, was sie tut. Auf Nachfragen geben fast alle Frauen zu, dass der Satz: „Erdbeerkuchen und heiße Schokolade wären schon

fein!", nicht automatisch darauf schließen lässt, dass Frau in Wirklichkeit meint: „Geh bitte sofort zur Konditorei, hol Erdbeerkuchen und mach mir eine heiße Schokolade dazu – aber vergiss nicht mir zu sagen, dass ich mir trotz meiner Pölsterchen ruhig einen Extraklacks Sahne leisten kann!" Zu Hause spielen sie mit ihrem Mann aber mit Sicherheit genau dieses Spielchen.

55. Welche sind die exklusivsten Klubs und Vereine und wie werde ich Mitglied?

Extrem exklusiv sind beispielsweise:

Billionaires Club: heißt einerseits der Klub der Multimilliardäre wie Bill Gates oder der Aldi-Brüder, ist aber kein richtiger Verein. Wie du Mitglied wirst, versteht sich ja von selbst. Andererseits heißt so auch eine Diskothek auf Sardinien, die einem echten Milliardär, nämlich Flavio Briatore gehört. Da hineinzukommen ist schon ziemlich exklusiv – nicht nur wegen der 100 Euro Eintritt.

Pour le mérite: ist ein alter preußischer Orden und einer der exklusivsten Vereine in Deutschland. Laut Stiftungsstatut dürfen ihm nur je 40 deutsche und ausländische Mitglieder angehören. Wenn du dabei sein willst, musst du die im Bereich Wissenschaft oder Kunst „durch weit verbreitete Anerkennung (deiner) Verdienste einen ausgezeichneten Namen erworben haben".

Kap Hoorniers: Einer der exklusivsten Klubs der Welt, in dem sich Seefahrer zusammengeschlossen haben, die noch auf einem Handelssegelschiff Kap Hoorn umrundet haben. Da keine Handelssegler mehr eingesetzt werden, stirbt der Verein aus. Außer du baust dir selbst einen Kahn …

Nobelpreisträger: Ebenfalls einer der exklusivsten und mit Sicherheit der prestigeträchtigste aller Klubs. Die Anforderungen sind freilich recht hoch. Aber du hast dadurch, dass du ein Mann bist, bei der Nobelpreisverleihung schon mal deutliche Vorteile:

Bis 2006 haben 735 Männer den Nobelpreis erhalten, aber nur 33 Frauen.

Und nun zu den Klubs, denen du eventuell tatsächlich beitreten kannst:

Mensa: Verein für Hochbegabte, für den du nur einen Intelligenzquotienten über 130, also einen höheren IQ als 98 Prozent der Bevölkerung, benötigst. Wenn du noch schlauer bist, kommen **Intertel** (IQ höher als 99 Prozent der Bevölkerung) oder die **Triple Nine Society** (IQ höher als 99,9 Prozent der Erdenbewohner) infrage.

The Explorers Club: Der in New York ansässige Klub für Entdecker. Der Ehrenvorsitzende ist Edmund Hillary (der Erstbesteiger des Mount Everest). Um Mitglied zu werden, musst du an mindestens einer Forschungsreise teilgenommen haben. (All-inclusive-Urlaub in der Dominikanischen Republik reicht nicht, selbst wenn du einen Ausflug gemacht hast.)

Rotarier: Ein Wohltätigkeitsklub, der sich aus „führenden Persönlichkeiten aus allen Bereichen der Gesellschaft" rekrutiert. Du kannst einem Rotary Club allerdings nicht direkt beitreten, sondern musst von zwei Mitgliedern vorgeschlagen werden. Bis 1989 waren die Rotary Clubs Männern vorbehalten.

Club International de Grand Voyageurs: Ein Globetrotter-Klub, dem du beitreten kannst, wenn du mindestens 50 Länder bereist hast. Mach dich also auf die Socken …

56. Wobei werden Frauen schwach?

Eine große Umfrage verrät uns, was wir tun müssen, damit uns die Frauen zu Füßen liegen:

Strategie:	**Erfolgsquote:**
Sensibel auf Frauen eingehen	79 Prozent
Gut aussehen	78 Prozent
Kavalier sein	65 Prozent
Leidenschaft beweisen	51 Prozent
Frauen mit romantischen Gesten und/oder Geschenken verwöhnen	47 Prozent
Zeigen, dass man um eine Frau kämpft	38 Prozent
Geld haben	26 Prozent

Hättest du das gedacht? Mit gutem Aussehen kriegt Mann also fast so viele Frauen rum wie mit Sensibilität – und das, obwohl Frauen doch sonst so sehr auf die inneren Werte pochen. Und immerhin schmilzt auch fast jede zweite Frau dahin, wenn man sie mit romantischen Geschenken überrascht – vermutlich am besten mit langstieligen Rosen, feinsten Pralinen und einem Paar Diamantohrringen zum Frühstücksei.

Dass nur jede vierte Frau zugibt, dass ihr das dicke Bankkonto eines Verehrers auch ganz gut gefällt, klingt da wenig überzeugend. Aber solange wir noch gut drei Viertel der Damenwelt mit unserer Sensibilität und/oder unserem Aussehen beeindrucken können, gibt es ja ohnehin keinen Grund zu Beunruhigung.

Quellen: GEWIS-Institut; *Freundin*

57. Hilft Pfefferminze wirklich gegen Mundgeruch?

Menthol, das in der Pfefferminze enthaltene ätherische Öl, findet sich in fast jeder Zahnpasta und in der Mehrzahl aller Mundwässer und Kaugummis. Sein intensiver, frischer Duft übertönt schnell den schlechten Atem. Das ist die gute Nachricht. Die schlechte ist, dass es nur kurzfristig und auch nicht immer hilft.

Ganz blöd ist, dass du den Geruch des eigenen schlechten Atems selbst nicht wahrnehmen kannst, da der Geruchssinn nur auf Veränderungen der Konzentration eines Duftstoffs anspricht. Du kannst deinen Geruchssinn aber austricksen, um zu einer objektiven Einschätzung deines „Atem-Aromas" zu kommen:

Es gibt mittlerweile kleine Atemmessgeräte, mit denen du den Schwefelgehalt (und damit die Gestankintensität) deines Atems messen kannst.

Einfacher und billiger ist der Schnell(-schleck-)test: Leck deinen Handrücken ab, lass den Speichel trocknen und rieche dann daran.

Mundgeruch entsteht durch Schwefelverbindungen in der ausgeatmeten Atemluft. Diese kommen beispielsweise durch die bakterielle Zersetzung von Nahrungsmittelresten oder totem Gewebematerial zustande. In 90 Prozent aller Fälle liegt die Ursache für Mundgeruch tatsächlich im Mund:

- Mangelnde Mundhygiene (Zahnbelag)
- schlechter Zahnstatus (Karies, Wurzelreste)
- Alkohol (selbst bei alkoholhaltigen Mundwassern!)
- Rauchen
- Entzündungen der Mundschleimhaut und/oder des Zahnfleischs
- trockener Mund
- Infektionen im Nasen-Rachen-Raum

Die restlichen 10 Prozent sind systemisch bedingt:

- Diabetes
- chronisches Nierenversagen
- Leberzirrhose
- Nahrungs- und Genussmittel (Knoblauch, Alkohol)
- schwefelhaltige Medikamente (Disulfiram, Dimethylsulfoxid)

Und was hilft?

- Therapie der Grunderkrankung
- weniger Protein und mehr Ballaststoffe in der Nahrung
- Rauchen und Alkoholtrinken reduzieren
- häufig und viel trinken (kein Schnaps, sondern Wasser!)
- Mundspülungen mit Salbeitee
- Mundhygiene (Zahnbürste, Zahnseide, Zungenschaber)
- Ingwer lutschen (aber nicht die Bonbons, die sind nur für Weicheier, sondern rohe, geschälte Scheib-

chen der Ingwerwurzel – ziemlich scharfe Sache, wirkt aber gut und killt ganz nebenbei Bakterien)

Der Dauerkonsum von Pfefferminzbonbons, Kaugummi oder Mundwasser hat meist mehr Nebenwirkungen als Vorteile. Verlass dich also nicht zu sehr auf die Pfefferminzbonbons, wenn du zum Küssen gehst.

58. Chianti, Rioja oder Bordeaux?

Ob Wein, Weib oder Gesang – ein echter Gentleman ist da wählerisch und nimmt nicht gleich das Erstbeste. Bei Weib und Gesang können wir uns aber wenigstens noch auf unseren Geschmack verlassen, während das mit dem Wein so eine Sache ist.

Natürlich gibt es zum Thema schöne 400-Seiten-Weinlexika und jede Menge Weinkurse von der VHS um die Ecke bis zur Winzerei in der Provence. Bis du aber endlich in Rente bist und Zeit für so etwas hast, musst du dich bei der Wahl des richtigen Rebensafts wohl fürs Erste mit den folgenden Schnelltipps begnügen:

Regel 1: Bestell beim Italiener einen italienischen Wein (z.B. Chianti, Barbera) beim Griechen einen griechischen (z.B. Retsina), zu spanischen Tapas einen Rioja usw. Der Kellner freut sich und selbst ein simpler Merlot schmeckt im Schnellimbiss nicht halb so gut wie in der Pizzeria (sofern es nicht eine von denen ist, die aufgrund schlechter Küche und Nagerbefalls ständig Ärger mit dem Gesundheitsamt haben).

Regel 2: Trink (leichten) Rotwein zu dunklem Fleisch, Weißwein hingegen zu Fisch und hellem Fleisch.

Regel 3: Wenn du einen sehr feinen (= teuren) Wein trinkst, solltest du auch Edles (und wenig) auf dem Teller haben und dich nicht mit einer simplen Bratwurst vollhauen.

Regel 4: Zu herzhaftem Essen (Kraut, Bohnen, Kartoffeln) passen fruchtige, jugendliche Weine. („Jugendlich" hat nichts mit Alkopops oder klebrigen Teenie-Weinen zu tun, sondern heißt nur, dass das Zeug nicht jahrzehntelang in Holzfässern vor sich hin gammelte – Verzeihung, „reifte" muss das ja heißen.)
Regel 5: Stark Gewürztes verlangt nach einfachen, säurebetonten Weinen.
Regel 6: Als Aperitif passen Schaumweine (das Zeug erkennst du daran, dass es sprudelt!) oder leichter Weißwein.
Regel 7: Zu Nudeln und Pizza kannst du leichte Rotweine oder volle Weißweine trinken (ansonsten halt einfach Cola, wie üblich ...).
Regel 8: Zu Käse und Ziegenkäse Weißwein, egal, ob leicht oder voll. Nur zum Weichkäse (Camembert, Gorgonzola) sowie zum Hartkäse ist Rotwein besser.
Regel 9: Zum Dessert bestellst du Likör- oder Dessertweine. (Die heißen schließlich nicht umsonst so.)
Regel 10: Wenn du keinen Dunst von Wein hast, dann scheu dich nicht, dir einen empfehlen zu lassen. (Trick 17: danach noch kurz um Bedenkzeit bitten und währenddessen in der Karte unbedingt den Preis abchecken!)

Hä? „Leichter Wein", „schwerer Wein" – wiegen die nicht gleich viel? Und was heißt „voller Wein" – man kann doch nachschenken, oder? Also gut, hier noch ein erster Überblick:

- Leichte und spritzige Weißweine: Pinot Grigio, Riesling, Viognier, Chasselas, Silvaner
- vollmundige Weißweine: gute Burgunder, Semillion (aus Übersee), Chardonnays (*barrique*-ausgebaut, also im Fass gereift, sollten sie sein)
- markante, kräftige Weißweine: Sauvignon blanc, Chardonnay
- leichte, fruchtige Rotweine: Blauburgunder, Dôle, Beaujolais
- mittelschwere, robuste Rotweine: einfache Bordeaux und Rioja, Chianti, Merlot, Süditaliener
- breite, füllige, schwere Rotweine: Zinfandel, Cabernet Sauvignon (*barrique*), Shiraz

59. Dreitagebart oder perfekte Rasur?

Nach Auswertung verschiedenster Umfragen zum Thema ist das Ergebnis eindeutig: Dreitagebart sollte nur tragen, wer das passende Gesicht dazu hat. „Das passende Gesicht“ wird in den meisten Fällen als kantig oder markant beschrieben. Typen mit rundlichen Zügen, vollen Wangen oder Milchbubi-Ausstrahlung sollten also besser regelmäßig zum Rasierer greifen. Die Vorstellung, dass ein Dreitagebart automatisch männlicher macht, ist definitiv ein Irrtum.

Falls du hingegen regelmäßig mit George Clooney verwechselt wirst oder auf den Marlboro-Man-Style stehst, kannst du die Stoppeln ruhig auch mal stehen lassen. Drei Einschränkungen gibt es allerdings:

1. Mach den Reibeisen-Test: Tut es weh, wenn du mit der Handgelenks-Innenseite über deine Stoppeln fährst, ist es Zeit für einen Rückschnitt. Schon klar: Du kannst das Kratzen locker aushalten – aber wie, glaubst du, sieht deine Freundin nach dem Schmusen aus, nachdem ihr 10 000 kleine Nadeln in die zarte Pohaut gepiekst wurden?
2. Der Dreitagebart sieht nur gut aus, wenn das Drumherum stimmt: Sieht der ganze Mann ein wenig verlottert aus, führt der Dreitagebart nur dazu, das Bild des Penners zu vervollständigen.
3. Bei Bankern, Versicherungsmaklern und anderen der Öffentlichkeit ausgesetzten Berufsgruppen ist manchmal der Chef das entscheidende Argument gegen den Dreitagebart.

Ein Beispiel: Rechtzeitig zur Fußball-WM 2006 legte das Innenministerium einen Erlassentwurf mit Vorschriften für das Erscheinungsbild der 30 000 Bundespolizisten vor. Damit das weltweite Ansehen der Bundesrepublik nicht durch das Aussehen deutscher Polizisten leidet, beschloss man, ein „unrasiertes Auftreten – insbesondere den sogenannten Dreitagebart" (wie übrigens auch den sogenannten Lagerfeld-Zopf) formell zu untersagen. Also: Beruf wechseln oder von Montag bis Freitag immer brav rasieren …

Quelle: *DER SPIEGEL*

60. Handwäsche oder Autowaschanlage?

In Deutschland ist es der Umwelt zuliebe verboten, sein Auto an einem anderen Ort als Autowaschanlagen, Autowaschstraßen oder anderen, speziellen Waschplätzen zu putzen – wer also in seiner Garageneinfahrt die Schaumbürste auspackt, muss mit einem unliebsamen Besuch der Ordnungshüter rechnen. Das Auto selbst von Hand so richtig schön einseifen und blank spülen ist bei uns nur an wenigen Orten möglich. Aber ist die Waschstraße nicht ohnehin besser?

Waschanlage ist nicht gleich Waschanlage: Der ADAC hat verschiedene Autowaschanlagen und -straßen getestet und empfiehlt, nur dorthin zu gehen,

- wo das Auto gründlich mit Dampfstrahler oder Waschbürste vorgewaschen wird, bevor es in die eigentliche Waschanlage geht. Größere Schmutzpartikel können sonst während der eigentlichen Reinigung wie Schmirgelpapier wirken und mit dem Dreck auch gleich ein wenig Lack entfernen.
- wo mit Reinigern aus Schaumstoff und nicht aus Textil oder mit Bürsten gearbeitet wird.

Aber wenn du es wirklich blitzblank haben willst, optimal gewachst und auch innen gereinigt, dann geht das doch nur mit der guten alten Handwäsche. Ist ja eigentlich klar: Die Maschinen schauen nicht so genau hin wie ein Mensch und wienern nicht notfalls eine Viertelstunde an einer kritischen Stelle herum.

Außerdem musst du dir nicht so große Sorgen um Lack oder Antennen machen. Der Nachteil dieser Variante liegt auf der Hand: Sie dauert wesentlich länger.

Wenn du gerne selber schrubbst, aber Bedenken wegen der Umwelt oder der Ordnungshüter hast: Lass dein Auto mit dem Hochdruckreiniger (an der Tankstelle oder speziellen Waschplätzen) vorreinigen und putze zu Hause mit klarem Wasser nach – das ist in der Regel erlaubt. So bleibt die Umwelt sauber und du kommst trotzdem nicht um den Spaß herum, jeden Quadratzentimeter deiner Karosse persönlich unter die Lupe zu nehmen und auch noch vom letzten Staubkörnchen zu befreien.

Natürlich kannst du auch andere Hände an das gute Stück lassen. Von der Speed-Autowäsche für 29 Euro bis hin zur De-Luxe-Plus-Reinigung inkl. Motorwäsche, Lederpflege und Ozonbehandlung des Innenraums für 385 Euro ist da alles möglich …

Quellen: ADAC; Auto Media Service

61. Wo speichere ich meine Computerdaten?

Etwas, was ein Mann wirklich wissen sollte: Wie bediene ich einen Computer? Zumindest das Speichern von Daten sollte reibungslos funktionieren. Selbst wenn du alles andere als ein Computerfreak bist: Als Gentleman solltest du in der Lage sein, einer Frau dabei zu helfen.

Du solltest deine Daten in einem Ordner speichern, den du auf deinem Rechner sicher wiederfindest. Das funktioniert, indem du den einzelnen Dateien Namen gibst, die auf den Inhalt schließen lassen (z.B. Sommerurlaub 07) und sie ordentlich in den passenden Ordner packst (z.B. Urlaubsfotos). Ordner mit ähnlichem Inhalt kannst du in einem übergeordneten Ordner ablegen (z.B. Meine Fotos).

Damit die wichtigen Daten auch trotz Computerviren, Überschwemmungen oder einem Computerklau erhalten bleiben, brauchst du außerdem eine oder mehrere Sicherungskopien – auch wenn das allzu viele Optimisten regelmäßig vernachlässigen. Du speicherst deine Daten einfach noch einmal an einem anderen Ort:

1. Kleine Datenmengen, die oft noch geändert werden, sind auf einem USB-Stick gut aufgehoben. („Kleine Datenmengen" ist relativ – zum Zeitpunkt der Entstehung dieses Buches gibt es bereits Sechs-GB(Gigabyte)-USB-Sticks; auf die passt mehr als auf sechs CDs, aber bis das Buch

im Laden und in deinen Händen landet … wer weiß!)

2. Um Dateien dauerhaft zu sichern, brennst du sie am besten einfach auf CD. Wiederbeschreibbare CDs (CD-RW) lohnen sich meist nicht, weil sie um einiges teurer sind. Aber immerhin ersparen sie es dir, irgendwann meterweise alte Sicherungs-CDs entsorgen zu müssen. Sind die Datenmengen größer (Videos), brennst du sie besser gleich auf DVD.
3. Für richtig große Datenmengen eignet sich am besten eine externe Festplatte als sicherer Hafen. Im Computerladen gibt es auch noch andere Speichermedien, aber in den meisten Fällen ist die Zweit-Festplatte die günstigste und flexibelste Lösung. Ihre Speicherkapazität liegt derzeit zwischen 60 GB und bis zu über 500 GB (je nachdem, ob du nur ein paar Fotos und Texte oder stundenlange Urlaubsvideos speichern willst).

62. Wie entkomme ich einer Shoppingtour?

„Schatz, wollen wir nicht mal wieder shoppen gehen? Ich habe da so ein tolles Angebot (so hübsche Schuhe/das Kleid, das ich mir schon immer gewünscht habe) gesehen!"

Aaargh! Nicht shoppen! Unsummen ausgeben, kilometerweit treppauf und treppab geschleppt werden, unter einem Berg von Tüten und Paketen wanken und dabei auch noch seine Meinung zu Dutzenden von Kleidern, Schuhen, Gardinen und was weiß ich nicht alles abgeben müssen – der Albtraum jedes normalen Mannes.

Einfach „Nein" sagen geht aber auch nicht, sonst hängt der Haussegen schief. Wer geschickt der Shoppingtour entgehen will, muss sich schon etwas Besseres einfallen lassen:

- „Ich würde ja so gerne, aber ich habe mir fest vorgenommen, heute endlich (hier Tätigkeit deiner Wahl einsetzen, mit der sie dir schon lange in den Ohren liegt, etwa Keller entrümpeln, Regal an die Wand dübeln, Küche streichen) zu erledigen! Aber ruf doch deine Freundin an, dann könnt ihr euch zu zweit amüsieren." (Natürlich brauchst du später noch eine Ausrede dafür, dass du die Küche doch nicht gestrichen hast ...)
- „Es tut mir ja so leid, aber ich habe schon wieder diese fürchterlichen Kopfschmerzen. Kannst du mir vielleicht ein paar Tabletten aus der Apotheke mitbringen?"

- „Wie wäre es, wenn du dir etwas Schönes aussuchst und mich dann zu Hause damit überraschst? Du weißt sowieso viel besser als ich, was wirklich toll an dir aussieht.“ (Wenn du mutig oder Millionär bist, kannst du ihr ganz einfach deine Kreditkarte in die Hand drücken – dann wird sie sich ganz bestimmt nicht mehr weigern, auch ohne dich auf Shoppingtour zu gehen …)

63. Was, wenn sie mich beim Pornogucken erwischt?

Tja, dumm gelaufen. Wahrscheinlich schlägst du dir ganz automatisch die freie Hand vor den Kopf und denkst: „Mann, bin ich blöd, mich erwischen zu lassen!" Aber das bringt dich nicht weiter. Natürlich ist es nicht gerade schlau, sich beim Pornogucken erwischen zu lassen – und noch blöder ist es natürlich, wenn du dir dabei gerade einen abwedelst … Also, was tun? Auf gar keinen Fall rumstottern oder aggressiv werden.

Hier die sieben besten Ausreden:

1. Gelehrt: „Ich recherchiere gerade für eine Studie zur menschlichen Sexualität. Wirklich ein interessantes Thema!"
2. Naiv: „Ich wollte einfach mal wissen, was die in diesen Sexfilmen wirklich machen."
3. Cool: „Komm Schatz, lass uns zusammen gucken. Wir können das dann ja auch gleich nachstellen."
4. Altruistisch: „Ich wollte mich einfach mal ein bisschen weiterbilden, damit du im Bett mehr Spaß hast."
5. Paradox: „Mensch, schau mal, was die da machen! Ist das nicht zum Schreien komisch?"
6. Macho: „Mach keinen Wind, Schnecke. Männer brauchen so etwas zum Entspannen, alles easy!"
7. Therapie: „Weißt du, es gibt ja so viele Ersatzbefriedigungen – bei euch Frauen ist das ja einfach,

ihr müsst nur Schokolade kaufen. Aber wenn wir Männer Pornos gucken, ist das immer gleich eine Katastrophe. Aber vielleicht sollten wir wirklich mal reden – über unsere wahren Bedürfnisse, unsere geheimen Wünsche und unbedingt auch über unsere Kindheit, oder?"

Besser als jeder Spruch ist natürlich: gar nicht erst erwischen lassen. Vorbeugen funktioniert nämlich auch. Wenn du aber erst einmal mit deinem Schatz gemeinsam einen Porno angeschaut hast, gibt's mit Sicherheit weniger Probleme, wenn sie dich mal allein dabei erwischt.

PS: Es stimmt übrigens nicht ganz, dass Frauen keine Pornos mögen. Immerhin ergab eine große Umfrage, dass mehr als die Hälfte der Frauen schon mal in einen Porno reinschaut. Bei den Männern sind es 73 Prozent (jedenfalls die, die es zugeben). Etwas anderes sind softe Erotikshows im Fernsehen – da sind es sogar mehr Zuschauerinnen als Zuschauer, die es sich im Sessel gemütlich machen.

Quellen: *taz*; GEWIS-Institut

64. Wo leben die besten Liebhaber?

Laut einer in 20 Ländern durchgeführten GfK-Studie aus dem Jahr 2005 scheinen in Europa die Italiener die besten Liebhaber zu sein. Allerdings nur dann, wenn man Belgier, Deutsche und Holländer dazu befragt. In 13 anderen Ländern landen die Italiener auf Platz zwei.

Es gibt aber noch eine Nation, die jeweils besser abschneidet. Nämlich die eigene. Bei allen, außer den oben schon erwähnten Belgiern, Deutschen und Holländern, gelten die eigenen Landsmänner als die Top-Lover!

Doch im Gegensatz zu uns sind die Italiener in Sachen Selbsteinschätzung kaum zu toppen: Sie sind zu über 60 Prozent davon überzeugt, die besten Liebhaber zu sein. Nur die Griechen schätzen sich noch häufiger als die besten Lover überhaupt ein – hier sind es 75 Prozent der Befragten.

Also sofort die Koffer packen, Umzugsfirma bestellen und in südliche Gefilde auswandern? Das wird wohl kaum etwas nützen, denn die geographische Lage des Wohnorts trägt nur wenig zur Qualität des Liebeslebens bei.

Die besten Liebhaber leben jedenfalls:

Im eigenen Land: Durchschnittlich 30 Prozent der Befragten sind dieser Meinung. Das zeigt doch schon irgendwie, dass Nationalbewusstsein etwas Seltsames ist. Am selbstkritischsten sind die Holländer mit

nur 13 Prozent, dicht gefolgt von Belgiern und Deutschen.
In Griechenland: Davon sind die Griechen zu 77 Prozent überzeugt. Und sie sind auch die einzige Nation, die meint, dass mindestens (!) fünfmal Sex in der Woche zu einem normalen Liebesleben gehört.
In Italien: Wenn schon nicht die eigenen Landsleute, dann die Italiener. Davon sind über 60 Prozent aller Befragten überzeugt. Bei den Deutschen sind es noch mehr. Aber am stärksten die Italiener selbst mit 69 Prozent.
In Frankreich: Natürlich glauben die Franzosen, dass sie im Bett die Besten sind. Früher galten sie weltweit als die heißesten Kandidaten für die Trophäe des besten Liebhabers. Mais c'est passé ...
In Polen: Als genauer untersucht wurde, wie zufrieden denn die Frauen mit den Liebeskünsten ihrer Männer sind, stellte man fest, dass Griechen und Italiener einpacken können – die Polen bringen's!

Quellen: *Wall Street Journal:* Sex-Life Survey

65. Blumen oder Schokolade?

Das ist eine ähnlich sinnvolle Frage wie Kino oder Popcorn, Kuchen oder Sahne, Strand oder Meer ... Einen echten Treffer landest du erst, wenn du an beides denkst. Worauf es jedoch ankommt, ist die Komposition: Das Primel-Töpfchen und eine Tafel Milka sind genauso grenzwertig wie das Super-Extra-Jumbo-Pralinen-Sortiment plus hundert rote Rosen (außer, du willst deine Angebetete mit deinem dicken Bankkonto erschlagen). Am sichersten fährst du aber, wenn du

- entweder eine Schachtel Pralinen mit einer ausgewählten, besonders schönen Blume dekorierst (der Klassiker ist eine einzelne, langstielige Rose) oder
- einen schönen Strauß Blumen mit einigen wenigen, ausgewählten Pralinen garnierst oder
- gleich auf Understatement setzt: Eine langstielige rote Rose mit drei Edelpralinen aus der Chocolaterie.

Vorsicht Fettnäpfchen! Falls die Beschenkte gerade Diät macht oder (wahrscheinlich grundlos) mit ihrem Gewicht und Polstern an den falschen Stellen hadert, sollte Schokolade besser nicht oder nur in Minimaldosis zum Einsatz kommen – sonst könnte sie die liebevolle Geste leicht als versteckte Kritik interpretieren.

66. Was ist die Miss-Jumbo-Wahl?

Die Wahl zur Miss Jumbo ist eine Misswahl, die jedes Jahr am 1. Mai in Thailand stattfindet. Offiziell heißt die Siegerin „Miss Jumbo Queen" – und Frauen, die weniger als 80 kg wiegen, brauchen gar nicht erst auf den Laufsteg zu klettern. Dieses Jahr gewann Thanchanok Mekkeaw – mit 182 kg war sie die schwerste Teilnehmerin.

Während die Titel „Miss Germany" und „Miss World" ja so ziemlich jeder kennt, gibt es noch eine Reihe anderer, teils recht skurriler Wahlen rund um die Frage: „Wer ist die Schönste im ganzen Land?":

Miss Venus: Die Wahl, die von Orion und anderen Erotikfirmen ausgetragen und auf Erotikmessen präsentiert wird, ist nur was für freizügige Damen. Die Teilnehmerinnen sollten keine Hemmungen haben, sich in heißen Dessous auf die Bühne zu trauen. Preisgeld: 1 000 Euro. 2006 hieß die Siegerin Livia Leupold.

Miss Spring: Die Wahl wird in Lima (Peru) durchgeführt – teilnehmen dürfen allerdings nur Frauen, die hinter Gittern sitzen, sodass die Wahl unter Ausschluss der Öffentlichkeit stattfindet. Siegerin war Koku Kasusura, die (wie die meisten anderen) wegen Drogendelikten im Frauengefängnis sitzt.

Miss Gay America: 10 000 Euro Preisgeld winken der oder besser gesagt dem Miss Gay America. Die Wahl, die in Memphis abgehalten wird, wird fast ausschließlich von professionellen Drag Queens

(schwule Männer in glamouröser Frauenkleidung) bestritten.
Miss Fuß Deutschland: In Aachen wurde unlängst die Frau mit den schönsten Füßen gekürt – Marina Simihonovic. Klar, dass die Dame saubere, hornhautfreie Füße und schöne, pilzfreie Fußnägel hat. Kein Wunder, denn die Wahl wurde schließlich von einem Antifußpilz-Creme-Hersteller ins Leben gerufen.
Miss Earth wird nur, wer einen ausgesprochenen Hang zum Ökologischen hat. Die Teilnahme an einem Baumpflanz-Ritual und Anti-Umweltzerstörungs-Demos ist Pflicht. 2006 gewann die Chilenin Hil Yesenia Escobar in Manila gegen Bewerberinnen aus 90 anderen Staaten.
Miss Brille: Die Meisterschaft wird auf Augenoptik-Fachmessen ausgetragen. Beim Finale des Dressed-Faces-Award haben nur Frauen eine Chance, die nicht wie Brillenschlangen, sondern richtig süß aussehen. 2006 gewann Friederike Matthies.
Miss Digital-World können nur Frauen werden, die es gar nicht gibt. Da reicht es nicht, wenn nur der Busen nicht echt ist, da darf gar nichts aus Fleisch und Blut sein. Die digitale Misswahl (www.missdigitalworld.com) ging 2004 aus einem Grafikwettbewerb hervor. Der Kult um die schönste Pixeldame hat sich seither weltweit kräftig ausgebreitet – und das nicht nur in Designerkreisen.

Quellen: *Stern*; *FHM*

67. Wohin mit ihr beim ersten Date?

Erstens solltest du dir folgende Frage stellen: Willst du was auf die Schnelle oder etwas Dauerhaftes? Doch auch wenn du auf Ersteres aus bist, ist „Ab ins Bett“ eher die falsche Antwort.

Für den kurzfristigen Erfolg ist das Wichtigste: Sie ist beeindruckt.

Für den langfristigen Erfolg: Sie muss sich wohlfühlen.

Und für beides gilt: **Du** musst dich wohlfühlen. Sonst wird es nur eine Krampfveranstaltung.

Und ihr solltet natürlich miteinander ins Gespräch kommen können (selbst wenn's nur ums Bett geht und mehr gestöhnt als gesprochen wird).

Also gar nicht so einfach. Als Pauschalantwort ist Fünf-Sterne-Restaurant ebenso falsch wie Würstchenbude.

Sterne-Restaurant: Wenn du gut verdienst und dich in einem Edelschuppen wohlfühlst und dir sicher bist, dass sie sich dort nicht fehl am Platz vorkommt, kann es eine gute Idee sein. Aber nur um zu beeindrucken, ist es nicht sinnvoll.
Sushi: Sie sollte ein wenig experimentierfreudig und keine Vegetarierin sein. Natürlich gibt es dort auch Speisen ohne Fisch und Fleisch, aber dann ist es Verschwendung. Wenn Sushi, dann aber unbedingt beim richtigen Japaner. 90 Prozent aller neuen Sushi-Restaurants sind in chinesischer Hand. Die haben's

aber nicht wirklich drauf, perfektes Sushi zu machen. Du kannst an den Preisen erkennen, ob es sich um ein richtiges Sushi-Restaurant handelt – Japaner sind deutlich teurer.

Exotisch: Oft eine gute Idee. In größeren Städten gibt es in der Regel eine große Auswahl. Sehr zu empfehlen sind arabische oder indische Restaurants. Chinesisch hingegen ist fast nie richtig chinesisch, sondern dem europäischen Geschmack angepasstes chinesisches Fast Food.

Italienisch: Wenn es keine Pizza gibt, ist es ein gehobeneres Lokal. Mit einem guten Italiener kannst du eigentlich kaum etwas verkehrt machen – dort gibt es für jeden Geschmack etwas Feines.

Selber kochen: Nur wenn Kochen dein Hobby ist, und du dein Hobby einigermaßen professionell beherrschst, beeindruckt es wirklich – aber lass besser die Finger von Experimenten.

Denke immer daran, dass du mit ihr nicht zum Essen gehst, damit ihr euch die Bäuche vollschlagt. Am besten isst du vorher – dann besteht nicht die Gefahr, dass du dich mehr auf das Essen als auf sie konzentrierst.

68. Was heißt überhaupt Midlife-Crisis?

Midlife-Crisis ist laut Brockhaus die „Phase etwa in der Mitte des Lebens, in der der Betroffene sein bisheriges Leben kritisch überdenkt und gefühlsmäßig infrage stellt“. Sie tritt angeblich vor allem bei Männern auf. (Frauen durchlaufen zum Ausgleich die Wechseljahre, um die sie nicht wirklich zu beneiden sind.) Den meisten Männern steht die Midlife-Crisis zwischen 40 und 50 bevor.

Interessanterweise beginnt die Midlife-Crisis bei vielen Männern in etwa dann, wenn ihre Kinder in der Pubertät sind und der Sohnemann plötzlich eine blutjunge, strahlend schöne Freundin anschleppt. Dann wird uns nach und nach klar, dass wir selbst vielleicht nicht mehr ganz so taufrisch sind, 20-jährige Blondinen sich nicht mehr nach unserem Körper, sondern nur noch nach unseren Bankkonten umsehen und die Frau an unserer Seite vielleicht auch schon auf die Wechseljahre zusteuert.

Alles in allem muss die Midlife-Crisis aber längst nicht so schlimm ausfallen, wie der Name vermuten lässt. Sie ist einfach eine Phase im Leben, in der einem auffällt, dass man vielleicht doch nicht mehr alle Zeit der Welt hat, um sämtliche Träume zu verwirklichen, und dass der eine oder andere Traum womöglich auch schon sein Verfallsdatum überschritten hat.

Wer das mit Fassung trägt und aktiv die zweite Hälfte seines Lebens anpackt (in der sich ja auch noch ganz neue Träume ergeben können), der hat den schlimmsten Teil der Krise schon hinter sich.

Dann gilt es nur noch, nicht allzu viele Vergleiche zwischen der Freundin des Sohnemanns und der eigenen Traumfrau zu ziehen, und schon kann Mann das Thema Midlife-Crisis auch wieder aus dem Kalender streichen oder

- sich einen roten Porsche kaufen,
- ein Toupet aufsetzen,
- Anti-Aging-Vitamine A, C und E schlucken (die helfen zwar nix, sollen aber laut aktueller Studien die Lebenszeit verkürzen, sodass die Midlife-Crises wenigstens nicht unnötig in die Länge gezogen wird),
- Viagra verschreiben lassen und
- achtmal wöchentlich ins Fitnessstudio rennen (aber bitte nicht auf der Sonnenbank einschlafen, sonst erinnert das anschließend eher an Dörrfleisch als an Playboy).

69. Wie geht eigentlich „Kuscheln danach“?

Eine der schwierigen Herausforderungen, die das neue Jahrtausend an uns Männer stellt, ist das Kuscheln danach. Vorbei sind die Zeiten, als Mann sich befriedigt zur Seite rollen und sich ins Reich der Träume schnarchen konnte, um sich in aller Ruhe von der körperlichen Ertüchtigung zu erholen. Seit der Emanzipation der Frau wird uns das als Vernachlässigung ausgelegt, was ja eigentlich nur zufriedene Entspannung ist.

Um häusliche Dramen und ungerechtfertigte Vorwürfe zu vermeiden, musst du dein Schlafbedürfnis also wenigstens noch ein paar Minuten lang vertrösten. Diese Zeit nutzt du,

- um sie in den Arm zu nehmen und an dich zu drücken.
- um sie noch ein wenig zu streicheln. Dabei geht es nicht um Sex. Also: Arme, Gesicht, Haare streicheln.
- um ihr zumindest für kurze Zeit mit einem gelegentlichen „Mhm“ oder „Ja, ich verstehe“ zu zeigen, dass du ihr noch zuhörst, wenn sie gesprächig wird. Du kannst sie aber auch mit Küssen am Weiterplappern hindern.
- Wenn du merkst, dass du dich wirklich keinen Moment länger wach halten kannst, verabschiede dich wenigstens mit einem kurzen „Sorry Süße, ich kann wirklich nicht mehr“. Wenn du wortlos einfach wegpennst, fühlt sie sich vernachlässigt.

- Falls du danach gar nicht relaxen kannst, sondern sofort wieder ins Büro, nach Hause oder sonst wohin musst, ist ein Kuschel-Quickie besonders wichtig – er entschädigt sie wenigstens ein bisschen dafür, dass du wenig später aus dem Bett springst und flüchtest.

Vorsicht: Auch wenn du gar nicht müde sein solltest: Gleich danach aus dem Bett zu hüpfen, um dir auf dem Balkon eine Zigarette anzuzünden oder gar den Computer hochzufahren, ist auch nicht gerade der Bringer …

70. Was tun, wenn bei meiner Präsentation alle einschlafen?

Am besten, du gehst so schnell wie möglich zum Patentamt und meldest deine Methode als neues Schlafmittel ohne Nebenwirkungen an. Oder zum Arbeitsamt: Vielleicht hast du ja Talent zum Hypnotiseur? Auf jeden Fall aber scheinen Präsentationen nicht dein Ding zu sein.

Aber wir wollen mal nicht zu schwarz malen: Du kannst etwas gegen die einschläfernde Wirkung deiner Präsentationen tun. Oder, falls schon alle schlafen, sie wieder aufwecken. Wenn deine Zuhörer bereits eingeschlafen sind, kannst du

- sie wecken, indem du mitten im Satz „Schokoladenkuchen" oder „Impotenz" sagst. Ihr Unterbewusstsein wird sie sofort aus dem Schlaf reißen und sie glauben machen, sie hätten etwas Interessantes verpasst.
- in die Hände klatschen und, nachdem alle die Augen aufgerissen haben, verkünden, dass du eine neuartige Form der Präsentation entwickelt hättest, die auf unbewusster Ebene funktioniert. Schließe mit dem Satz: „Ich hoffe, Sie haben sich gut erholt."
- still und heimlich gehen.

Diese für den Notfall erprobten Tricks sind ja schön und gut – aber noch besser ist wahrscheinlich, wenn du dafür sorgst, dass erst niemand einschläft. Dazu musst du wissen, wie man eine gute Präsentation hält; für alle wesentlichen Elemente ist hier kein Platz. Aber immerhin für die vier wichtigsten Punkte:

Kunstpausen: Mach ab und zu mal mitten im Satz eine Pause. Das wirkt fast immer. („Und daher sollten [zwei – drei – vier] wir unserem Produkt einen Goldbarren beilegen, denn das erhöht die [zwei – drei – vier] Attraktivität ungemein.")
Stell Fragen. Und zwar solche, die jeder beantworten kann, die aber nicht mit ja oder nein geklärt werden können. („Das Wetter hat offensichtlich einen Einfluss auf den Verkauf von Eiscreme. Was meinen Sie: Wird bei Gluthitze oder bei Schneesturm mehr Eis gegessen?")
Setz deine Stimme ein: Betonung ist wichtig; hebe und senke auch deine Stimme. Stell dir vor, du bist Schauspieler und spielst jemanden, der eine spannende Präsentation hält.
Humor: Wenn du ab und zu ein Witzchen in deine Präsentation einbaust, ist das in aller Regel gut – außer, du hast einen etwas merkwürdigen Humor oder du arbeitest beim Fernsehen.

71. Warum können Frauen nicht einparken?

Vielleicht weil die durchschnittliche deutsche Parkplatzgröße dem heutigen Van oder den ursprünglich für die Armee gebauten Fun-Allradkisten nicht mehr gerecht wird?

Schon klar: Frauen haben oft auch mit einem Fiat 500 und Smart noch Platzprobleme. Warum – dazu gibt es allerhand Theorien. Die meisten laufen darauf hinaus, dass Frauen ein schlechteres räumliches Vorstellungsvermögen als Männer haben. Interessanter ist aber, warum es Frauen dann doch immer wieder gelingt, gut in die Parklücke zu kommen:

- Viele Frauen können umso besser einparken, je vertrauter ihnen der Parkplatz ist. Das führt zu paradoxen Situationen: Während sie zu Hause souverän rückwärts in die enge Garageneinfahrt fährt, bekommt sie einen Nervenzusammenbruch, wenn sich ihr in einer fremden Stadt eine XXL-Parklücke bietet.
- Umfragen haben ergeben, dass Frauen lieber eine Straße weiter weg parken, wenn sie dort einen größeren Parkplatz finden.
- Vielleicht spielt auch eine Rolle, dass sie sich nur schwer entscheiden können, die nahe liegende Parklücke einfach in Angriff zu nehmen, wenn hinter der nächsten Ecke „vielleicht ja doch noch" ein Super-Deluxe-Parkplatz wartet, in den sie sogar vorwärts locker reinrollen könnten.

Es gibt allerdings noch eine weitere plausible Erklärung für weibliche Parkprobleme: Bei vielen Frauen scheint die Einpark-Schwäche nämlich genau dann besonders ausgeprägt zu sein, wenn der Mann mit im Auto sitzt. Sobald sie alleine unterwegs sind, parken sie annähernd so gut (oder schlecht) ein wie wir (wenn auch oft etwas vorsichtiger). Für diese Beobachtung gibt es verschiedene Erklärungsmodelle:

1. Der Sex-Appeal des Herrn auf dem Beifahrersitz verwirrt sie so sehr, dass ihr die möglichen Beulen im Auto egal sind.
2. Seine gut gemeinten, hilfreichen Kommentare gehen ihr so sehr auf die Nerven, dass sie sich nicht mehr aufs Parken konzentriert oder ihren Ärger gleich absichtlich an unschuldigem Blech auslässt.
3. Sie steht auf seine männliche Hilfsbereitschaft und lässt sich vertrauensvoll von ihm in die Parklücke einweisen – so kann sie erlöste Prinzessin spielen und ihn als Retter in der Not feiern.
4. Sie parkt miserabel ein, da sie zugleich noch mit dem Handy telefoniert und ihr Make-up im Rückspiegel ausbessert. (Ungefähr so schlecht, wie wir einparken, wenn wir das Handy am Ohr und den Blick im Terminkalender haben.)

72. Stimmt es, dass auch Männer in die Wechseljahre kommen?

Nein, aber ... „Wechseljahre“ definieren Brockhaus und Pschyrembel immer noch als das Klimakterium der Frau, also die Zeitspanne, in der die Eierstöcke schön langsam die Produktion einstellen und Frau mehr oder weniger unter einem zunehmenden Hormonmangel leidet. Neuere Untersuchungen haben allerdings ergeben, dass auch beim Mann nach dem 45. Lebensjahr die Produktion der Geschlechtshormone nachlässt. Manche Männer leiden sogar unter einem regelrechten Testosteronmangel, der dann zu einer erektilen Dysfunktion führt. (Sie bekommen keinen mehr hoch.)

Natürlich werden wir Männer trotz Hormonschwund bei weitem nicht so launisch und unerträglich wie manche Frau in den Wechseljahren! Allerdings scheint diese Zeit auch bei Männern mit geringerer Belastbarkeit, Müdigkeitsanfällen, Reizbarkeit, depressiven Verstimmungen und einer nachlassenden Libido einherzugehen. Es gibt sogar Theorien darüber, dass unsere allseits akzeptierte Midlife-Crisis vielleicht auch auf diesen hormonellen Veränderungen basieren könnte. Du kannst dir dann also aussuchen, ob du

- dir bei den ersten Symptomen beim Arzt (ein Androloge taugt hier am meisten) eine Hormonersatztherapie erschleichst, um wieder testosterongesteuert wie ein Teenager allen hübschen Frauen nachzulaufen, oder

- alle Veränderungen auf die Midlife-Crisis schiebst, deine Prioritäten im Leben neu überdenkst und allen hübschen Frauen nachläufst wie ein testosterongesteuerter Teenager.

Am besten aber zerbrichst du dir erst gar nicht groß den Kopf über das Thema Wechseljahre, sondern nimmst die Dinge einfach so, wie sie kommen.

73. Was, wenn sie auf dem Eso-Trip ist?

Unzählige Frauen kommen zwischen ihrem 25. und 42. Lebensjahr auf die Idee, ihr Leben fürderhin nach irgendwelchen obskuren Esoterik-Regeln auszurichten. Wenn du Glück hast, sind es nur Bachblüten oder Astrologie. Wenn es Hexenrituale, Mondphasen oder bärtige Gurus sind, kann's schwieriger werden.

Aber alles in allem sind Frauen auf dem Eso-Trip besser als ihr Ruf: Sie bemühen sich um Verständnis für alles und jeden (also sogar auch für dich) und sie sind bereit, „an sich zu arbeiten" (und ihre größten Macken in den Griff zu bekommen – außer natürlich den Eso-Trip selbst). Was kannst du also beim Einzug von Wünschelrute, Naturgeist oder Kabbala tun?

- Nur nicht den Mut verlieren.
- Abwarten und indischen Tee trinken. Denn nicht selten vergehen die kuriosen Anwandlungen nach ein paar Wochen oder Monaten.
- Das Positive sehen: Eine Esoterikerin sorgt für kurzweilige Stunden, in denen sie allerhand wunderliche Theorien ausbreitet, die du mit Sicherheit noch nie gehört hast – tu einfach so, als würde sie dir ein spannendes Märchen erzählen.
- Die Unterhaltung genießen: Sie hat praktisch immer ein Gesprächsthema parat (etwa den Sinn des Lebens; die tiefere Bedeutung von Allergien; „Stell dir vor, was ich heute Nacht geträumt habe."), das sie notfalls auch als Monolog bestreitet.

- Dir selbst eine Macke zulegen und Anhänger einer esoterischen Lehre werden. (Keine Angst: Je absurder, desto besser.)
- Weglaufen – aber bloß nicht nach Tibet, dahin kommt sie garantiert nach …

74. Wie komme ich mit einem Girlie klar?

Ach so, du bist gerade in der Midlife-Crisis. Das ist freilich bitter. Vor allem dann, wenn du jetzt ein sogenanntes Girlie (also eine Frau, die auch in 20 Jahren noch so tun wird, als sei sie ein Teenager) an der Backe hast.

Natürlich kann es toll sein, so ein unternehmungslustiges junges Ding an seiner Seite zu haben. Aber lass dich lieber erst mal von deinem Hausarzt durchchecken. Sie schleift dich überall hin mit, bis dir entweder die Geduld ausgeht oder deine Pumpe den Geist aufgibt.

Ganz wichtig ist natürlich, dass du auch das nötige Kleingeld mitbringst, um problemlos jeden Trend und jede neue Verrücktheit mitmachen zu können. Dann musst du nur noch für den nötigen Spaß und viel Abwechslung sorgen, und sie wird dir mit etwas Glück (?) eine Weile erhalten bleiben. Das perfekte Girlie-Unterhaltungsprogramm beinhaltet unter anderem:

- Kurztrips zum Shoppen nach New York, London oder Barcelona
- Cabriofahren – egal, wohin und egal, ob bei Sonne oder Regen
- Filmpremieren, CD-Präsentationen und die angesagtesten Club-Events
- Partys mit all ihren Freunden und Freundinnen an den ungewöhnlichsten Orten und grundsätzlich bis zum Morgengrauen. (Vorsicht: Möglich, dass du da Ecstasy oder Amphetamine einschmeißen

musst, was dich in deinem Verhalten locker um 20 Jahre zurückschmeißt und dich sogar in den Knast bringen kann ...)

- Falls du mal Ruhe brauchst: Schenk ihr ein Zeitschriften-Abo – am besten *Joy*, *Young Miss* oder *Amica*.
- Kurzreisen zum Snowboarden, Wellenreiten, Kite-Surfen, Freeclimbing oder zu Musikfestivals
- nicht mehr als zwei zu Hause verbrachte Abende pro Woche, aber bitte nicht langweilig vor dem Fernseher, sondern mit selbst gekochtem Dreigängemenü
- Filmabend (Mainstream-Zeugs) oder (erotische) Massagesitzung
- schicke kleine oder auch größere Geschenke, die absolut im Trend liegen
- Gespräche über alles, was neu und in ist – oder es zumindest werden könnte.

All das ist kein Problem für dich? Wow! Echt abgefahren! Dann hast du den Jungbrunnen für dich entdeckt. Das ist gerade in der Midlife-Crisis allemal besser als eine Hormonbehandlung – die du offensichtlich nicht nötig hast. (Oder bist du gar einer dieser 0,3 Prozent der Leser unter 20, die es heutzutage immer noch geben soll?)

75. Wo komme ich an Viagra?

1998 brachte der amerikanische Pharmakonzern Pfizer die „Lustpille für den Mann“ auf den Markt. Ursprünglich als Herzmedikament entwickelt, zeigte sich zur Überraschung der Testleiter bei den Probanden als „Nebenwirkung“ ungeahntes Stehvermögen.

Viagra enthält Sildenafil und ist wie andere Potenzmittel derselben Wirkstoffgruppe in Deutschland, Österreich und der Schweiz verschreibungspflichtig. Ohne ärztliches Rezept geht hier also offiziell gar nichts. Doch selbst mit Verordnung gibt es die begehrte Pille nicht umsonst: Wird der Wirkstoff zur Behandlung von erektiler Dysfunktion (Impotenz) und somit lediglich zur Verbesserung der Fleischeslust verschrieben, zahlen die gesetzlichen Krankenkassen keinen Cent, und auch die Privatkassen drücken sich: Deren Zurückhaltung wird plausibel, wenn man bedenkt, dass deutsche Paare im Schnitt dreimal Sex pro Woche haben und eine einzige Viagra-Tablette rund 15 Euro kostet …

Viagra kann man auch ohne Rezept übers Internet oder unter der Hand bestellen – diese Pillen kommen dann meist aus dem Ausland. Eine gute Idee ist das allerdings nicht, denn

1. die Einfuhr von Medikamenten für Privatpersonen ist in Deutschland verboten (Arzneimittelgesetz § 72ff.) Schmuggelgut wird daher vom Zoll beschlagnahmt und du musst mit einer Anzeige rechnen.

2. du kannst gegen einen ausländischen Anbieter nur selten rechtlich vorgehen, was dumm ist, wenn der trotz Bezahlung gar nicht erst liefert, verunreinigte Wirkstoffe mit schädlichen Wirkungen enthalten sind (was leider gar nicht so selten vorkommt) oder das Zeug zwar genauso schön blau ist wie echtes Viagra, die Pille dich aber im entscheidenden Moment hängen lässt.
3. eine ärztliche Untersuchung vor Einnahme von Viagra ist dringend erforderlich: Herzkranzarterien- und Herzklappenerkrankungen, Bluthochdruck, Nierenerkrankungen oder Fettleibigkeit sind nur einige gute Gründe, ganz auf Viagra zu verzichten.

Fazit: Hole dir das Rezept lieber brav beim Doc ab. (Geh am besten gleich zum Andrologen, der macht nicht lang rum, kennt die Probleme und der Peinlichkeitsfaktor entfällt.) Das Grinsen der Apothekerin kannst du anschließend getrost ignorieren. Freu dich stattdessen, dass in der Packung auch drin ist, was drauf steht, sodass die heiße Nacht für dich zumindest schon mal nicht auf der Intensivstation enden wird.

Quelle: *Deutsches Ärzteblatt*

76. Wohin mit dem Ellbogen im Sterne-Restaurant?

Runter vom Tisch! Der Mann von Welt weiß, dass die Etikette es verlangt, den Arm nicht weiter als bis zum Handgelenk auf dem Tisch ruhen zu lassen. Deine Ellbogen befinden sich seitlich vom Körper, und zwar so nah dran, dass eine sichere Entfernung zum Tischnachbarn besteht. So vermeidest du es auch, ihm/ihr den Suppenlöffel versehentlich aus der Hand zu schlagen.

Lässiges Herumlümmeln mit dem Ellbogen auf Nachbars Stuhllehne entfällt damit ebenso wie bequemes Aufstützen auf dem Tisch. Das mag etwas steif wirken, ist aber reine Trainingssache. Letztlich wird die kniggegerechte Haltung nicht nur deine Tischnachbarinnen, sondern auch deinen Orthopäden begeistern.

77. Warum lieben Frauen Komplimente?

Frauen reden viel und gerne. So drücken sie Gefühle aus, reden sich Probleme von der Seele und pflegen ihre sozialen Bindungen. Kein Wunder also, dass Frauen schlecht damit klarkommen, wenn Männer so wenig von sich preisgeben wie depressive Goldfische.

Da verbale Kommunikation für Frauen unglaublich wichtig ist, drücken sie auch ihre Anerkennung gerne wortreich aus. Je wichtiger ihnen jemand ist, desto öfter verwöhnen sie ihn mit Komplimenten. Der Inhalt ist dabei gar nicht so elementar, denn die indirekte Botschaft lautet immer: „Ich mag dich sehr und finde dich echt super!"

Für Frauen sind Komplimente so wichtig wie Wasser für die Veilchen. Wenn du ihr sagst, wie toll du sie findest, wie hübsch ihr Outfit ist oder wie sehr dich ihr neues Projekt beeindruckt, fühlt sie sich beachtet und gewürdigt. Mag ja sein, dass du sie ohnehin seit Jahren auf Händen trägst – aber um auch wirklich zu fühlen, dass Mann sie begehrt, muss Frau das auch hören! Also bloß keine falsche Zurückhaltung. Schon Benjamin Disraeli (Schriftsteller und ehemals Premierminister Großbritanniens) schrieb: „Komplimente muss man mit der Maurerkelle auftragen".

Und keine Sorge: Du musst ja nicht gleich Gedichte à la Christian Morgenstern zum Besten geben. Ab und zu mal ein „Siehst echt dufte aus!" brummeln, das reicht für den Anfang.

78. Wie lange dauert ein Zyklus wirklich?

Dass der weibliche Zyklus immer genau 28 Tage dauert, ist ein Gerücht. Das trifft nur bei den wenigsten Frauen zu. Und dass er sich nach den Mondphasen oder den Tierkreiszeichen im Mond richtet, ist ebenfalls Quatsch mit Himbeeren – sonst hätten ja alle Frauen gleichzeitig ihre Tage. Nur wenn Frau die Pille nimmt, dauert ihr Zyklus – sofern man dann noch davon sprechen kann – tatsächlich zuverlässig 28 Tage.

Die Zykluslänge unterscheidet sich von Frau zu Frau und kann locker mal zwischen 21 und 35 Tagen liegen. Grundsätzlich bleibt die Länge an sich aber relativ konstant: Bei manchen Frauen setzt die Periode regelmäßig nach 25 Tagen ein, bei anderen nach 28 usw. Seinen Kalender sollte man aber trotzdem nicht auf ihre Tage hin eichen. Störende Einflüsse wie Stress, Krankheit, Hormonbehandlungen oder untreue Ehemänner bringen den weiblichen Körper schnell aus dem Rhythmus.

Sollte sich ihre Periode mal ein paar Tage verspäten, ist das noch kein Grund zu Sorge. Im Zweifelsfall sorgt ein einfacher Schwangerschaftstest (um die zehn Euro in der Apotheke) ganz schnell für Klarheit. Die Schwangerschaft dauert dann übrigens ziemlich genau neun Monate – doch auch hier ist die weibliche Mathematik unzuverlässig: Nimm dir also nicht nur am Tag des errechneten Geburtstermins frei, sondern lege am besten gleich deinen gesamten Jahresurlaub um den Termin herum …

79. Wo zum Teufel steckt die Frau in mir?

Eine berechtigte Frage, denn in der Regel ist es ja eher umgekehrt ... Aber tatsächlich steckt mehr Frau in dir, als du glaubst. Und zwar in deinen Genen. So erschreckend das vielleicht klingt: Die Gene des Mannes weichen kaum von denen der Frau ab. Noch schlimmer: Der Unterschied besteht in einem einzigen Chromosom. (Das sind die Teile in deinen Zellen, in denen die Gene versteckt sind.) Frauen haben zwei X-Chromosomen, Männer nur eindreiviertel X-Chromosomen (ein X- und ein Y-Chromosom). So gesehen könnte man behaupten, Männer seien nicht ganz vollständige Frauen. Und noch schlimmer: Von der Biologie her stimmt das sogar.

Aber, kein Grund zum Verzweifeln oder gar für Minderwertigkeitskomplexe. Lass es den Frauen und gib ihnen notfalls selbst dieses Argument in die Hand – und mach ihnen so eine kleine Freude. Du weißt nämlich mehr. Denn du weißt mehr – nämlich was es denn genau ist, was fehlt:

- das Tratschsucht-Gen
- das Schuhtick-Gen
- das Busen-Gen
- das „Oh Gott, meine Frisur"-Gen
- das Heulenbeimkleinstenanlass-Gen
- ...

Im Übrigen macht das fehlende Viertel X-Chromosom Platz frei für ein unterhaltsames und ziemlich lustiges Organ, nur für Männer. Guck mal zwischen deinen großen Zehen nach. Und das ist doch eigentlich wirklich prima, oder?

80. Was gehört in einen gut sortierten Werkzeugkasten?

„Die Axt im Haus erspart den Zimmermann“, aber reicht eine Axt tatsächlich aus? Nur wenn man Holz hacken will. Um Pannen im Haus oder am Auto schnell zu beheben, ist ein gut sortierter Werkzeugkasten besser. Damit ist allerdings nicht der klemmende Blechkasten gemeint, der im Keller als Türstopper dient und aus dem ein undurchschaubares Chaos aus Werkzeugstielen, Schrauben, verbogenen Drahtstücken, alten Cola-Lollis und wahnwitzig verknoteten Verlängerungskabeln hervorlugt.

Die Grundausstattung für den Werkzeugkasten ist überschaubar:

- ein Hammer, mittelgroß (400 g reichen, um Nägel in die Wand zu kloppen)
- eine Kombizange, isoliert (dick Kunststoff um die Griffe)
- eine Wasserrohrzange, verstellbar
- eine Beißzange (um die Nägel wieder aus der Wand herauszuholen)
- ein Zollstock
- entweder ein Schraubendreher-Set, bestehend aus Griff, evtl. Verlängerung und vielen, vielen Bits, und zwar für Schrauben mit einfachem Schlitz, für Kreuzschlitz-Schrauben (der Experte unterscheidet hier zwischen „Pozi“ und „Phillips“ und hat beide Varianten vorrätig), für Torx, innen und

außen, sowie für Inbus-Schrauben (wenn der von IKEA verloren geht)

- oder viele, viele Schraubenzieher in obigen Ausführungen (und einen zweiten Werkzeugkasten, um sie alle zu verstauen)
- Schraubenschlüssel von Größe acht bis Größe 14 (mindestens) oder ersatzweise ein Rollgabelschlüssel
- falls noch Platz ist, Ringschlüssel in denselben Größen für schwer erreichbare Schrauben
- ein Fläschchen harzarmes Maschinenöl („Nähmaschinenöl") gegen quietschende Türen und Fenster
- Sekundenkleber

Nun ist möglicherweise noch ein ausreichend großer, neuer Werkzeugkasten nötig, in den sich alle Stücke auch großzügig einsortieren lassen. Ob du es glaubst oder nicht – sortieren lohnt sich: Erstens spart es viel Zeit, wenn du beim ersten Griff in den Werkzeugkasten das gesuchte Teil in der Hand hältst. Zweitens beeindruckt es eventuell anwesende Frauen (da sie annehmen, dass einer, der im Kasten Ordnung hält, das auch mit seinen Socken schafft). Drittens beugt es den lästigen Kratzern und Schrammen vor, die das Wühlen in einem unsortierten Werkzeugkasten mit sich bringt.

PS: Vielleicht noch ein Wort zur Qualität: Ein paar Euro mehr sind hier gut investiert. Gutes Werkzeug wird dich dein ganzes Leben lang begleiten, während das Komplett-Set für 5,99 Euro meistens schon beim ersten Einsatz schlappmacht.

81. Wie finde ich heraus, ob ihr Orgasmus echt ist?

Auch wenn dir Ehrlichkeit in der Beziehung wichtig ist – eine direkte Frage etwa wie: „Schatzi, war der jetzt auch echt?“ solltest du dir unbedingt verkneifen. Eine ehrliche Antwort bekommst du sowieso nicht und Frauen reagieren verärgert, wenn man ihnen Showeinlagen unterstellt (erst recht, wenn am Verdacht etwas dran ist).

Um die vermeintliche Schauspielerin zu durchschauen, solltest du weniger auf die Stöhnlautstärke achten, denn die lässt sich gut regulieren – sinnvoller ist, die Signale ihres Körpers wahrzunehmen, sofern du in der Hitze des Gefechts überhaupt die nötige Muße dazu hast. Die weibliche Orgasmuskurve hat vier Phasen mit charakteristischen Signalen:

Erregungsphase: Der Körper läuft sich warm: Die Schamlippen erröten und schwellen an, die Klitoris vergrößert sich leicht und die Scheide wird feucht. Um das abzuchecken, musst du mal eine Weile unter der Bettdecke verschwinden. (Doch Vorsicht: Ein bisschen auffällig ist es schon, wenn du die Taschenlampe mitnimmst ...)

Plateauphase: Puls- und Atemfrequenz sollten jetzt mindestens auf Jogging-Niveau sein. Wenn du ihr Herzklopfen spüren kannst und ihr Atem schneller wird, geht es in die richtige Richtung. Vergisst sie zudem Schamgefühl als auch Rücksicht auf die Nachbarn zu nehmen, geht es langsam aber sicher in die nächste Phase.

Orgasmusphase: Jetzt geht es eigentlich erst richtig ab. Mit der willentlichen Kontrolle über ihre Körperreaktionen ist es nun endgültig vorbei. Beim Orgasmus verengt sich der vordere Teil der Vagina und es kommt im Sekundentakt zu meist fünf bis zehn rhythmischen Kontraktionen der Scheiden- und Gebärmuttermuskulatur. Dabei rast der Puls, und die Atemfrequenz entspricht der eines Sprinters.
Rückbildungsphase: Diese Phase muss manchmal etwas warten, weil dem ersten Orgasmus durchaus noch weitere folgen können (multipler Orgasmus). Danach lässt die Muskelspannung nach, die Erregung klingt langsam ab (kann aber viel schneller wieder aufgebaut werden als beim Mann) und ihr Kuschelbedürfnis steigt exponentiell an.

Ein untrügliches Zeichen, dass sie den Orgasmus nicht nur vorspielt, sind die deutlich spürbaren Kontraktionen der Scheidenmuskulatur in Phase drei. Darüber hinaus haben rund ein Drittel aller Frauen auch Ejakulationen: Dabei sondert die Paraurethraldrüse stoßweise eine farblose, wässrige Flüssigkeit ab. Du wärst allerdings nicht der erste Mann, der in diesem Moment nicht mehr so genau auf die Körpersignale seiner Partnerin achtet, weil er dann doch zu sehr mit den Reaktionen seines eigenen Körpers beschäftigt ist …

Quelle: *Playboy*

82. Warum schreit das Baby?

Babys sind süß, aber manchmal ganz schön laut. Das gilt oft auch für Frauen, doch Babys sind deutlich einfacher gestrickt: Sie schreien nicht, weil du den Hochzeitstag oder ihren Geburtstag vergessen, deinen Job nicht gut gemacht oder mal wieder mit Freunden die Nacht durchgefeiert hast, sondern nur aus wenigen einfachen Gründen: Hunger, Schmerzen, Frust, Ruhe- oder Mitteilungsbedürfnis. Manchmal auch, weil du dem Baby seinen Schnuller oder seine Mami weggenommen hast. (Aber so etwas tut Mann ja auch nicht, oder?!)

Wenn das Baby dein eigenes ist, beherrschst du die Gebrauchsanleitung vermutlich nach ein paar Wochen ganz von allein. Wenn nicht, musst du dich mit der Trial-and-Error-Methode durch die verschiedenen Möglichkeiten arbeiten.

Hier der SOS-Plan „Schrei-Attacke"

1. Ruhe bewahren!
   Nervosität, Unruhe und Hektik übertragen sich sekundenschnell auf das Baby und machen das Geschrei noch schlimmer. Watte oder Oropax schützen schon mal vor Schädigungen des Hörvermögens.
2. Ursachenforschung betreiben
   Will Baby sein Fläschchen, ist die Windel voll bis obenhin oder friert oder schwitzt der Zwerg? Schon ein Treffer genügt, und alsbald kehrt wieder Ruhe ein.

3. Baby beruhigen
   Manchmal schreien Babys einfach aus Einsamkeit, Frust oder Müdigkeit. Dagegen hilft am besten, Baby auf den Arm zu nehmen, mit ihm zu kuscheln und Löcher in den Wohnzimmerteppich zu laufen. Auch Vorsingen wirkt manchmal Wunder. Vielleicht ist es nur der Schock, doch viele Kinder lassen sich tatsächlich auch von elchartigem Gesang männlicher Baritonstimmen trösten – ist also auf jeden Fall einen Versuch wert.
4. Nichts hilft
   Wenn das Baby sich über längere Zeit überhaupt nicht mehr beruhigen lässt, Fieber hat oder vor Schmerzen wimmert, ist es eindeutig ein Fall für seine Mami – und für einen Besuch beim Kinderarzt!

PS: **Bitte niemals schütteln!!!** Erstens sind Babys keine Ketchupflaschen, zweitens warnen Kinderärzte dringend vor dem *Shaken Baby Syndrom*, bei dem es zu Gehirnblutungen, Koma und gar zum Tod kommen kann. Bevor also deine Nerven schlappmachen, solltest du im Zweifelsfall immer auf Deeskalation setzen und vorübergehend das Zimmer wechseln!

Quelle: Deutscher Kinderschutzbund

83. Wie geht Flirten?

Flirten ist eine Form von Kommunikation. Kein Wunder also, dass es Frauen wieder einmal leichter haben, weil sie zwar nicht einparken, wohl aber gut zuhören können (und dabei schöne Augen machen). Zum Glück ist es beim Flirten aber auch nicht anders als beim Parken: Man muss nur Gelegenheit dazu haben, und dann ist es reine Trainingssache! Wichtig sind dabei allerdings ein paar einfache Regeln:

1. Vergiss alle 0815-Anmachsprüche: In der Praxis führen sie entweder zum Lachanfall oder zu panikartiger Flucht. Frauen merken gleich, wenn sie nach Schema F angebaggert werden, und finden's schrecklich. Gute Flirts entstehen spontan und ohne Drehbuch.
2. Signalisier ihr dein Interesse erst mal ohne Worte: Entdecke die Freude am „Augenblick“: kurz hinschauen, lächeln, wegschauen ... länger hinschauen, wegschauen, lächeln usw. Um die Spannung zu erhalten, solltest du sie bloß nicht pausenlos anstarren, sonst fühlt sie sich nur plump angebaggert.
3. Bleib du selbst. Frauen stehen auf Ehrlichkeit, und wer sich schon beim ersten Flirt verstellt, wird schnell aussortiert. Also locker bleiben und natürlich verhalten (auch schüchtern sein ist okay) – versuch also nicht, Casanova zu spielen, wenn du es sonst auch nicht bist.
4. Benimm dich nicht wie ein Neandertaler. Also: nicht schmatzen, rülpsen, schreien, ein bisschen

Deo auftragen, (gute) Schuhe anziehen und erst mal übers Wetter und nicht gleich über Sexstellungen sprechen – all das hilft enorm.

Vielleicht beruhigt es dich zu hören, dass nur 37 Prozent aller Frauen zwischen 18 und 50 darauf warten, dass der Mann die Initiative ergreift. Rund 63 Prozent von ihnen unternehmen den ersten Schritt, wenn sie einen Mann erobern wollen.

Hier noch ein paar Zahlen zum Thema:

- Die wichtigsten Flirt-Strategien der Frauen sind der direkte Blickkontakt (72 Prozent) und das Lächeln (63 Prozent).
- 96 Prozent der Frauen bestehen darauf, beim Flirten das Gefühl von Exklusivität zu haben, dein ein und alles zu sein. Schenke ihnen also deine ungeteilte Aufmerksamkeit und fang bloß nicht an, über deine Ex oder irgendwelche „Nebenfrauen" zu sprechen.
- 40 Prozent der Männer finden, dass es zwar eigentlich ihre Aufgabe wäre, beim Flirten den ersten Schritt zu tun; gleichzeitig hoffen aber 72 Prozent, dass es doch die Frau sein möge, die die Initiative ergreift.
- 83 Prozent aller Frauen wünschen sich, dass ein Flirt nicht nur gestartet, sondern auch zielstrebig weitergeführt wird. Wenn du A sagst, solltest du also auch bereit sein, B zu sagen.
- 59 Prozent der Frauen wollen, dass es beim ersten Treff beim Small Talk bleibt. Immerhin 20 Prozent sind auch kussbereit, doch nur 2 Prozent der

Befragten würden schon am ersten Abend mit dir ins Bett gehen. Männer sind da schon viel eher bereit, schnell zur Sache zu kommen: 20 Prozent von ihnen würden die neue Eroberung schon beim ersten Treff in die Koje schleppen – aber wem sage ich das …

Quellen: Forsa-Umfrage; Institut für Rationelle Psychologie

84. Wann geht „essen ohne Gabel"?

Ludwig der XIV. weigerte sich noch strikt, mit Messer und Gabel zu essen, denn die Gabel galt lange als Teufelswerk(zeug). Erst im 18. Jahrhundert setzte sich das Standardbesteck durch – allerdings nur bei Hofe. Heute ist das leider anders. In Mitteleuropa wird alles, was hübsch angerichtet und mit Beilagen auf einem Teller serviert wird, mit Besteck verspeist. Während es in Indien, China und arabischen Ländern selbst in exklusiven Kreisen weiterhin üblich ist, von der Hand in den Mund zu essen, kann man sich bei uns dabei schnell böse Blicke einfangen.

„Mit den Pfoten" darf nur essen, wer am Lagerfeuer eine Bratwurst oder vor der Sportschau eine Pizza in sich hineinstopft. Ob beim Restaurantbesuch mit der Zukünftigen oder beim Geschäftsessen: Greife im Zweifelsfall lieber zu oft als zu selten zu Messer und Gabel.

Die Ausnahmen:

- Belegte Brötchen
- Fingerfood: Das Zeug erkennst du daran, dass es übersichtlich klein ist, nicht tropft, kein Besteck dazu gereicht wird (weshalb alle anderen auch mit den Fingern zugreifen) und dass zumindest in feineren Restaurants eine Fingerschale mit auf den Tisch kommt, sofern die Snacks nicht sowieso auf der Servierplatte angerichtet sind. Zu den Fingerfood-Klassikern zählen Blätterteig-Häppchen, Hähn-

chenkeulen, Spießchen, Reisröllchen, Canapès, Bruschette, Petit-Four-Gebäck, Mini-Frühlingsrollen und allerlei exotischer Mischmasch.

- Störrische Lebensmittel: Selbst der Gourmet im Fünf-Sterne-Restaurant wird seine Finger zu Hilfe nehmen, bevor er am gedeckten Tisch verhungert. Ob Riesengarnelen, Muscheln oder Wachteln: Falls du dir nicht sicher bist, wie man den Dingern zu Leibe rückt, bleiben dir drei einfache Möglichkeiten:

1. Mach's wie der Bauer: Bestelle nichts, was du nicht kennst. Schnitzel, Steaks und andere Fleischgeschichten werden nämlich immer mit Messer und Gabel gegessen.
2. Erkundige dich dezent bei einer Tischnachbarin, wie man dem Feind auf deinem Teller zu Leibe rückt – etwa mit: „Bei Ihnen sieht das so gekonnt aus, verraten Sie mir Ihren Trick?" oder „Bitte retten Sie mich, ich habe die letzten drei Jahre in Japan verbracht und kann nur noch mit Stäbchen umgehen!". Frauen nutzen gerne die Gelegenheit für ein bisschen Konversation, und vielleicht wird sogar ein netter Flirt daraus.
3. Lass dir beim Start etwas Zeit und schau erst mal, was deine Tischgefährten so treiben. Diese Strategie ist grundsätzlich auch empfehlenswert, wenn deine Liebste dich ins exotische Spezialitätenrestaurant schleppt oder sich sonstige Gelegenheiten ergeben, bei denen dir die Tischsitten unklar sind – beispielsweise als Gast in der Kalahariwüste.

Quelle: Knigge

85. Wie wechsele ich eine Sicherung?

Die Frage stellt sich zum Glück nur noch in älteren Häusern, weil heute fast überall Sicherungsautomaten eingebaut werden, bei denen du einfach nur den Schalter umlegen musst (in den allermeisten Fällen nach oben). Wer noch die guten alten, runden Schmelzsicherungen im Sicherungskasten hat, muss aber auch nicht verzweifeln:

1. Im betroffenen Zimmer mindestens eins der Elektrogeräte ausschalten, die gerade noch liefen (am besten das, was am meisten Strom verbraucht, beispielsweise Staubsauger, Elektroheizkörper, Wasserkocher, Föhn), damit die Sicherung nicht gleich wieder durchbrennt.
2. Sicherungskasten öffnen und durchgebrannte Sicherung suchen (die, in der kein farbiges Plättchen im Sichtfenster schimmert).
3. Sicherung herausschrauben und Nennstromstärke – beispielsweise 5A, 10A (das A steht für Ampere) ablesen. Am besten auch am Sicherungskasten kontrollieren, ob es einen Hinweis auf die Nennstromstärke gibt.
4. Neue Sicherung mit **derselben** Nennstromstärke auswählen! (Bei einer höheren Amperezahl besteht Brandgefahr, eine niedrigere brennt gleich wieder durch, wenn zu viele Elektrogeräte laufen.)
5. Neue Sicherung einschrauben und mächtig stolz sein, wenn das Licht wieder angeht.

6. Nachdenken: Wenn Licht, Fernseher, Stereoanlage, Heizdecke, Staubsauger und Wasserkocher schon an waren und die Sicherung durchbrannte, als deine Freundin den Föhn angeschaltet hat, muss sie sich jetzt entscheiden: entweder Staubsauger oder Föhn – sonst braucht ihr nämlich gleich wieder eine neue Sicherung.

Es gibt auch runde Sicherungsautomaten, die man anstelle von echten Schmelzsicherungen in den Sicherungskasten schrauben kann – auch hier unbedingt auf die richtige Amperezahl achten! Diese haben den Vorteil, dass du nur einen kleinen Knopf wieder reindrücken musst, anstatt am Samstagabend die halbe Stadt nach einer passenden Sicherung abzutelefonieren. Falls du also bei der Suche nach der durchgebrannten Sicherung kein Sichtfenster, sondern einen Knopf findest, hast du noch mal Glück gehabt – den Strom gibt's dann einfach auf Knopfdruck.

86. Warum sterben Männer früher?

Eigentlich können wir mit unserer Lebenserwartung ja ganz zufrieden sein: Laut Statistischem Bundesamt liegt sie bei Männern derzeit bei 75,81 Jahren. Gemein ist nur, dass Frauen im Schnitt 81,96 Jahre alt werden. Warum lebt das vermeintlich schwächere Geschlecht rund sechs Jahre länger als wir?

Hier die wichtigsten Gründe für unsere kürzere Halbwertzeit:

- Herz- und Kreislauferkrankungen machen Männern stärker zu schaffen. Männer unter 75 sterben bis zu dreimal so oft an Herzversagen wie Frauen.
- Das weibliche Geschlechtshormon Östrogen stärkt die Immunabwehr, schützt vor Infektionen und verlangsamt die Gefäßverkalkung. Östrogen? Tja, da müssen wir wohl leider passen. Und damit nicht genug, unser Testosteron scheint die Verkalkung auch noch zu beschleunigen …
- In typischen „Männerberufen" ist die körperliche Belastung besonders hoch – egal, ob LKW-Fahrer, Bergmann, Holzfäller oder Soldat: Aus den unterschiedlichsten Gründen landen die schneller unter der Erde als beispielsweise Kindergärtnerinnen oder Bundeskanzlerinnen.
- Männer essen rund eineinhalb Mal so viel Fleisch und Wurst wie Frauen. Da viele von uns zudem auf Vitamine allergisch reagieren, rühren wir Obst und Gemüse lieber gar nicht erst an. Kein Wunder

also, wenn freie Radikale die Zellen schädigen und wir schnell alt aussehen.

- Männer sind dicker: Rund 46 Prozent der Männer zwischen 30 und 40 sind mäßig bis schwer übergewichtig. Bei Frauen liegt der Moppel-Anteil bei weniger als der Hälfte!
- Männer kiffen, koksen, saufen und rauchen immer noch deutlich häufiger als Frauen. Sie klettern lieber auf Achttausender, rasen verdammt schnell auf der Autobahn herum und schlagen sich im Suff auch gerne mal die Schädel ein.
- Abgesehen von ein paar Softies achten Männer grundsätzlich nicht auf Warnsignale ihres Körpers. Sie gehen erst zum Arzt, wenn sie nicht mehr aus dem Bett rauskommen oder ihnen ein Arm oder Bein abfällt. Nach einer kurzen Zeit auf der Intensivstation ist es dann geschafft und die ewige Ruhe darf angetreten werden – denn wenigstens hier ist Mutter Natur gerecht: Wer früher stirbt, ist länger tot und muss sich nicht mehr mit unangenehmen Kollegen, undichten Wasserhähnen und weiblichen Eifersuchtsanfällen herumschlagen.

Quellen: Statistisches Bundesamt; WDR

87. Wann werden Frauen am ehesten schwanger?

Nach dem Sex. Nein, aber im Ernst: Am gefährlichsten ist es während des Eisprungs. Der liegt zeitlich etwa in der Mitte eines Zyklus, also in den Tagen zwischen den Tagen.

Bei einem 28-tägigen Zyklus ist demnach ungefähr 14 Tage nach dem Beginn der letzten Blutung mit dem Eisprung zu rechnen. Danach ist das Ei etwa acht bis 18 Stunden bereit zur Befruchtung. Da Spermien jedoch gut und gerne bis zu sieben Tagen (!) frisch bleiben, kannst du auch dann mit Nachwuchs rechnen, wenn du ein oder zwei Tage vor ihrem Eisprung mit einer Frau Sex hattest.

Für die Berechnung der „ungefährlichen" Tage ist die Zyklusdauer entscheidend. Statistisch gesehen liegt die zwar bei 28 Tagen, aber jede Frau nimmt sich da gerne ihren Freiraum. Durch Stress oder Last-Minute-Reisen verändert sich dann auch noch die Zykluslänge, sodass nur noch ausgebildete Wahrsager vorhersehen können, wann der Eisprung stattfindet.

Je nachdem, ob du eine Schwangerschaft vermeiden oder verursachen willst, solltest du bedenken, dass mindestens fünf Tage vor und drei Tage nach der üblichen Zeit des Eisprungs als hochriskante Zeit gelten. Und dennoch: Die Zählerei bleibt ein Spiel mit dem Feuer. Egal, ob Verhütungs- oder Kinderwunsch: Im Zweifelsfall sollte man sich lieber auf Hightech als auf Runen, Kröten oder Wünschelrute verlassen. Also ab in die Apotheke und Verhütungscomputer (zeigt die unbedenklichen Tage) oder Ovulationstest (zeigt die besonders fruchtbaren Tage) kaufen.

88. Warum sollte ich meine Anruflisten im Handy deaktivieren?

Damit du nicht so leicht kontrollierbar bist – und damit weder deine Liebste noch deine kleine Schwester oder gar Mutti herausbekommen, wie viele Frauen du eigentlich Tag für Tag an der Strippe hast. Anruflisten sind vermutlich von einer eifersüchtigen Handy-Entwicklerin erfunden worden, die genau wissen wollte, mit wem ihr Partner wann wie lange telefoniert. Und nun muss die ganze Welt darunter leiden, dass paranoide Partner beiderlei Geschlechts heimlich Anruflisten durchstöbern und einen mit Fragen wie „Wer ist denn diese Cindy, mit der du neulich nachts noch so lange telefoniert hast?" und dem dazu passenden, durchbohrenden Blick konfrontieren.

Gelöschte Anruflisten rufen bei Entdeckung ähnliches Misstrauen hervor wie Seiten, die aus dem Tagebuch gerissen wurden. Hier ein paar passende Ausreden für die gähnende Leere auf dem Display:

- „Die Anruflisten waren von Anfang an deaktiviert, und ich kämpfe momentan noch mit den übrigen 142 Funktionen meines neuen Handys."
- „Wie? Anruflisten? Ich glaube, die Funktion gibt es bei meinem Handy gar nicht!"
- „Mein Chef besteht darauf, dass die Anruflisten abgeschaltet bleiben, Firmengeheimnis bleibt Firmengeheimnis."
- „Also gut, ich geb's ja zu: Ich bin eigentlich Agent beim Secret Service. Deshalb gehe ich zum Telefo-

nieren auch immer drei Straßen weiter ... Ich kann es mir einfach nicht erlauben, Spuren zu hinterlassen."

„Das Datenschutzgesetz verbietet es, Informationen über andere Menschen zu sammeln. Genau genommen gehören auch Anrufinformationen auf meinem Handy dazu. Und wenn schon der Innenminister den gläsernen Staat will, sollten doch wenigstens wir tun, was wir können, um unsere Privatsphäre zu wahren, oder?"

89. Was tun bei Kuckuckskind-Verdacht?

Vaterschaftstests sind heutzutage ein einträgliches Geschäft, und obwohl ein heimlicher Test vor Gericht unzulässig ist*, wimmelt es im Internet von Anbietern, die sich um das Geld zweifelnder Väter balgen. Kein Wunder: Laut US-amerikanischen Schätzungen liegt der Kuckucksgehalt bei den Kleinen bei knapp 30 Prozent – allerdings übertreiben es die Amis ja gerne mal ein bisschen ...

Zum Glück hat das Bundesverfassungsgericht inzwischen entschieden, dass jeder Mann das Recht hat zu wissen, ob sein Kind auch tatsächlich seins ist, und dass der Gesetzgeber bis Ende März 2008 einen erleichterten Vaterschaftsnachweis ermöglichen muss.

Für den Test braucht man eine DNA-Probe und die erhält man durch einen einfachen Abstrich der Mundschleimhaut – also völlig schmerzfrei mit einem Wattestäbchen. Anschließend werden kleine Mengen der DNA isoliert und mittels PCR-Methode im Labor analysiert.

Da in immer neuen Sensationsmeldungen immer neue Hochrechnungen auftauchen, denen zufolge unzählige Väter in Wirklichkeit ein Kuckuckskind im trauten Nest sitzen haben, grassiert der Kuckuckskind-Verdacht in manchen Gegenden Deutschlands wie die Angst vor Zecken. Dabei beginnen Männer einfach nur deshalb immer öfter zu zweifeln, weil

---

* Der Bundesgerichtshof in Karlsruhe urteilte 2005, dass ein heimlicher Vaterschaftstest das Persönlichkeitsrecht des betroffenen Kindes verletzt. Aus diesem Grund können anonyme Vaterschaftstests nicht verwertet werden, wenn die Vaterschaft in einem Prozess angefochten wird.

heutzutage erstmals in der Menschheitsgeschichte überhaupt die Möglichkeit besteht, die Frage nach der Vaterschaft absolut sicher zu beantworten.

Das Wichtigste: Selbst wenn du „dein" Kind verdächtigst, nur „irgendein" Kind zu sein, solltest du trotzdem einen kühlen Kopf behalten und niemanden vor denselben stoßen – weder Mutter noch Kind! Allein der Verdacht genügt, um jede Familienidylle im Nu in einen emotionalen Scherbenhaufen zu verwandeln. Richtig peinlich wird es dann, wenn sich herausstellt, dass Mann doch der Vater ist – und das passiert öfter als du glaubst …

Wenn überhaupt solltest du sehr diskret vorgehen und dich nach einem privaten Vaterschaftstest umsehen. Gutachten inklusive Testset gibt es inzwischen schon für unter 200 Euro. Die Tests sind relativ zuverlässig, aber hartnäckige Zweifler können sich ja noch einen zweiten von einem anderen Hersteller leisten – doppelt genäht hält schließlich besser. Steht das Ergebnis fest, kannst du dir in Ruhe das weitere Vorgehen überlegen: Konfrontationstherapie für sie (im Fall berechtigten Misstrauens) oder Psychotherapie für dich (falls deine Anfälle von Verfolgungswahn nicht bald aufhören).

90. Wie geht Small Talk?

Glaubt man Umfragen (ausgerechnet aus Österreich), so fürchten sich Männer eher vor dem ersten Satz als vor dem anschließenden Small Talk. Dabei sind die ersten Worte oft ein Klacks. Rund 60 Prozent der Männer kommen beim ersten Kontakt mit einem der folgenden drei Sätze aus:

- „Haben Sie Feuer?" (oder: „Haben Sie eine Zigarette?")
- „Darf ich Sie zu einem Getränk einladen?"
- „Haben wir uns nicht schon einmal gesehen?"

Antwortet die Frau – was sehr wahrscheinlich ist , so folgt unweigerlich der Small Talk. Der hat zwar keinen guten Ruf, aber nur, weil alle dabei immer gleich an langweiliges Blabla übers Wetter denken. In Wirklichkeit käme ohne Small Talk kaum ein Gespräch zustande – schon gar nicht unter Menschen, die sich noch nicht besonders gut kennen. Ein bisschen Small Talk hilft, das Eis zu brechen und den Weg zu wichtigeren Themen zu ebnen. Es ist gar nicht so schwer, wenn du ein paar Kleinigkeiten befolgst ...

Und hier sind sie, die sieben wichtigsten Small-Talk-Regeln:

1. Sprich nicht zu lang über das Wetter – außer, du nutzt es als Überleitung zu etwas Interessanterem. („Hoffentlich schneit es bald. Nächstes Wochenende fahre ich nach XY zum Skifahren.")

2. Günstige Themen sind: Sport, Hobbys, aktuelle Ereignisse, Kunst und Kultur (Bücher, Musik, Filme), gemeinsame Bekannte, Arbeitsgebiete, die Veranstaltung, auf der man sich befindet.
3. Falls du irgendwann an ihren Lippen knabbern willst, solltest du dir bei folgenden Themen feste auf die Lippen beißen: Tod, Krankheit, Kritik an Anwesenden, Schuldzuweisungen, Religion, Politik (außer, du bist bei einer politischen Veranstaltung).
4. Bleib offen und unverkrampft, hab keine Angst, auch mal etwas Blödes zu sagen. Ein bisschen blöd ist schließlich jeder von uns, oder?
5. Small Talk lebt von offenen Fragen, die dein Gegenüber ausführlich beantworten kann: „Wie findest du ...?, Warum ...?, Woher ...?, Auf welche Weise ...?, Wohin ...?" Frauen mögen Männer, die intelligente Fragen stellen – doch es reicht, wenn du Aufmerksamkeit und Interesse signalisierst. Small Talk darf nicht in ein Verhör ausarten.
6. Fang bloß nicht an, sie zuzutexten, nur weil sie mal eine kleine Sprechpause macht. Mit Hoppla-hier-komm-ich-Monologen schlägst du jede Frau in die Flucht.
7. Du glaubst, dass du zu schüchtern bist, um zwanglos plaudern zu können? Umso besser! Zurückhaltende Typen kommen bei den meisten Frauen sehr viel besser an als großmäulige Baggerfritzen.

Quelle: www.egonet.de

91. Was tun, wenn meine Traumfrau einen Kopf größer ist als ich?

Wusstest du, dass Humphrey Bogart (1,65 Meter) bei den Dreharbeiten zu *Casablanca* Plateauschuhe trug? Und auch Altbundeskanzler Helmut Schmidt (1,72 Meter) schlüpfte gern mal in Schuhe mit hohen Blockabsätzen. Kein Wunder, denn große Männer sind beliebter:

- Bei nahezu allen US-Präsidentschaftswahlen des 20. Jahrhunderts gewann jeweils der größere der beiden Kandidaten.
- Die meisten Frauen bevorzugen Männer, die rund fünf Zentimeter größer sind als sie.
- Partneragenturen wissen, dass Männer unter 1,75 Meter schwer zu vermitteln sind.
- Das westliche Männerideal liegt heute bei 1,88 Meter – denn große Männer sollen besonders erfolgreich sein.

Soso: Und was ist dann mit Tom Cruise (1,70 Meter), Danny De Vito (1,54 Meter) oder Robbie Williams (der ist zwar immerhin 1,78 Meter, seine Freundin überragt ihn aber um gute fünf Zentimeter)? Und was mit Sarkozy (1,65 Meter), Napoleon (1,65 Meter), Alexander dem „Großen" (um die 1,60 Meter), Fußball-Legende Maradona (1,67 Meter), oder den sieben Zwergen (durchschnittlich 46,5 Zentimeter)? Sind (waren) die nicht auch ziemlich erfolgreich?

Unzählige klein geratene Italiener, Schauspieler, Politiker und Möchtegern-Prominente schmücken sich mit ihren großen, schlanken Schneewittchen und haben nicht das geringste Problem damit, ihnen die Hand statt auf die Schulter auf den Po zu legen.

Tatsächlich ist ein großes Selbstbewusstsein das einzige, was die fehlende Körpergröße wirklich ausgleichen kann. Natürlich kann es nicht schaden, dein 1,80-Meter-Model abzuhalten, auch noch Schuhe mit stelzenartigen Pfennigabsätzen zu tragen. Doch orthopädische Schuhe, die dich größer machen sollen, kannst du dir sparen, denn sie sehen oft doof aus und bringen ja doch nur ein paar mickrige Zentimeter.

Übrigens: Nach einer Umfrage der *Marie Claire* meinen französische Frauen, dass kleine Männer besonders zärtlich und im Bett auch eher zu Experimenten bereit sind. US-Forscher behaupten zudem, dass kleine Männer eher treu sind. Die Ehe mit ihnen soll länger halten. Das ist doch was! Solch großartige Facts können Wichtelmänner doch auch mal locker im Small Talk einbauen, oder?

Quelle: *DIE WELT*

92. Joggen oder Fitnessstudio?

Mehr als fünf Millionen Deutsche sind Mitglied in einem Fitnessclub (was nicht heißt, dass sie auch regelmäßig hingehen ...). Und Sportartikelhersteller haben errechnet, dass es hierzulande 15 Millionen Jogger gibt (oder zumindest haben so viele Konsumenten ein Paar Jogging-Schuhe zu Hause rumstehen ...).

Jogger und Fitnessstudio-Besucher sind zwei ganz unterschiedliche Gruppen – und jede hat so ihre Gründe. Bekehren ist also zwecklos. Wozu auch? Schauen wir uns doch mal die Vor- und Nachteile an:

Joggen			**Fitness-Studio**
Kostet nix	+	–	20-100 Euro/Monat
Nur Ausdauertraining	–	+	Allround-Training
Jederzeit und sofort	+	–	Öffnungszeiten, Anfahrt
Wetterabhängig	–	+	Wetterunabhängig
In der Natur	+	–	Indoor
Unstrukturiert	–	+	Fortschritt genau messbar

Punktzahl ausgeglichen. Das Auflisten der Vor- und Nachteile bringt nur etwas, wenn du ganz genau weißt, was du willst. Und dann hast du dich wahrscheinlich ohnehin schon entschieden. Wenn es dir um kräftigere Muckies geht, ist die Sache ja wohl auch klar; ebenso, wenn du es hasst, schwitzende Menschen um dich zu haben.

Es geht dir nur um die Kondition? Dann muss man sagen: Ein klares Plus fürs Laufband oder den Cross-Trainer. Die sind gesünder, da die Gelenke hier weniger belastet werden und du bekommst eine aussagekräftige Rückmeldung über deine Fortschritte.

Aber das Allerwichtigste für den Erfolg: Es muss dir Spaß machen. Da helfen keine objektiven Faktoren. Spaß ist das wichtigste Argument – denn was nützt es dir, wenn das Studio 1 000 mal besser ist und du nicht hingehst? Wenn du also vom Studioambiente genervt bist, lass es. Dann ist Joggen (falls dir das mehr Spaß macht) sinnvoller.

Quellen: GfK; *Fit for Fun*; Focus-Gesundheit-TV

93. Wer ist an der Krawatte schuld?

Obwohl die ersten Vorläufer der Krawatte im alten Ägypten, im Römischen Reich und sogar in China getragen wurden, hat unsere klassische Krawatte ihren Ursprung im Frankreich des späten 17. Jahrhunderts. Schuld an ihrer Verbreitung ist der Sonnenkönig Ludwig XIV., der Europa außerdem den Absolutismus, verschiedene Kriege und das Schloss Versailles mit seiner glanzvollen, kostspieligen Hofkultur bescherte, die schließlich einer der Auslöser der Französischen Revolution war.

Der Legende nach wurde der gute Ludwig bei einer Truppenparade um das Jahr 1663 auf den Halsschmuck eines kroatischen Reiterregiments aufmerksam, der aus einem Stück Stoff bestand, das am Kragen in Form einer Rosette oder Schleife befestigt war und dessen Enden auf die Brust hinab hingen. Tatsache ist, dass dieses neue Accessoire schnell an des Königs modebewusstem Hof und schließlich in ganz Europa verbreitet war. Die Krawatte – aus edlem Stoff und mit kunstvollem Knoten – wurde zu einem Statussymbol der Reichen und Mächtigen und stand fortan im Blickpunkt eleganter Herrenbekleidung.

Ihre jetzige, weitgehend standardisierte Form erhielt die Krawatte jedoch erst zu Beginn des 20. Jahrhunderts, als man anfing, den Krawattenstoff diagonal zum Fadenlauf zu schneiden. Auch heute noch legen sich viele Männer den Strick um den Hals – sei es im Büro, beim Geschäftsessen, im

Restaurant, im Standesamt oder in der Aussegnungshalle.

Doch es gibt auch Gegner des Krawattenzwangs. Und die bekommen inzwischen Schützenhilfe von medizinischen Forschern: Ihnen zufolge riskieren Männer, die ihre Krawatte zu eng binden, eine Erhöhung des Augeninnendrucks, der mit der Zeit zu Grünem Star führt. Schäden sollen zwar erst bei langjährigem, häufigem Tragen eintreten – aber mit einem leger-schicken, krawattenlosen Kleidungsstil kannst du nicht nur deine Augen schützen, sondern auch Frauenherzen erobern. (Obwohl es rund 81 Prozent der Frauen lieben, wenn Männer im Anzug zum Date kommen, kannst du dabei auf Hemd und Krawatte gut verzichten. Knapp 60 Prozent der Frauen finden beispielsweise auch einen Rolli voll o. k.)

Quelle: *Men's Health*

94. Was heißt „nur ein Freund"?

Wenn deine Süße einen anderen Mann als „nur ein Freund" bezeichnet, kann das so ziemlich alles bedeuten. Im Hinblick auf dich heißt es aber, dass du vermutlich etwas zu neugierig und/oder eifersüchtig gewesen bist. Eine derart banale Erklärung hätte sie sich sonst ja sparen können. Je nachdem, wie und in welchem Zusammenhang das „nur ein Freund" geäußert wird, kann Folgendes dahinterstecken:

1. Er ist tatsächlich nur ein Freund – jemand, der sie in sexueller Hinsicht definitiv nicht interessiert, obwohl sie sich ihm auf anderer Ebene durchaus verbunden fühlt. Das kommt häufiger vor, als eifersüchtige Männer vermuten. Falls er sie seinerseits auch nur als Freundin betrachtet, lässt Platon grüßen und du bist auf der sicheren Seite. Bleib cool, lass ihnen den Kinoabend und nutze die Zeit, um mit ein paar Kumpels Billard spielen zu gehen.
2. Ein Überbleibsel aus früheren Zeiten – jemand, mit dem sie schon mal was hatte. Da sie den amourösen Teil der Beziehung aber offensichtlich schon beendet hat (und das vermutlich aus gutem Grund), ist der Typ als Lover nicht mehr aktuell. Kein Grund zur Sorge also und dass es vor dir noch andere Männer gab, ist eh klar; wahrscheinlich will sie dir die Details dazu ersparen. Und da solltest du gentlemanlike auch gar nicht so genau nachfragen. (Findest du aber heraus, dass die Trennung von ihm ausging und sie

immer noch seine Liebesbriefe und sein Foto unter ihrem Kopfkissen hütet, wird es vielleicht Zeit, einen Privatdetektiv einschalten ...)

3. Ein potenzieller Ersatzmann. Die schlimmste Möglichkeit, aber manchmal leider wahr: Noch ist er nur ein Freund, aber wer weiß? Vielleicht sieht sie sich schon nach einem Nachfolger für dich um ... Damit musst du allerdings nur rechnen, wenn es bei euch ohnehin an allen Ecken kriselt. Vorsicht: Eifersuchtsszenen treiben sie dann erst recht in seine Arme. Schlage den Feind lieber mit seinen eigenen Waffen, indem du dezent herausfindest, was ihr an ihm so gut gefällt. Schlimmstenfalls musst du dann eben Geige spielen lernen, oft reicht es aber schon, die Robbie-Williams-CD samt Rose aus der Jackentasche zu ziehen oder statt T-Shirt mal ein Hemd anzuziehen – am besten ein frisches ...

95. Was, wenn ich beim Date feststelle, dass meine Kreditkarte nicht gedeckt ist?

Eindeutig ein Fall der Kategorie „Was mir nie, nie, nie passieren sollte“. Ein kluger Mann checkt daher vor dem Date seine Finanzen und ist auf alle Eventualitäten vorbereitet. Sich mehr auf die Kreditkarte als auf den Kontostand zu verlassen, ist ebenso bescheuert, wie sich im Dunkeln irgendetwas anzuziehen und in den Club zu gehen, ohne zuvor einen Blick in den Spiegel geworfen zu haben.

Verständnisvolle, verliebte Frauen drehen dir daraus zwar nicht gleich einen Strick, wenn du ihnen gestehen musst, dass du gerade leider nicht zahlen kannst, dennoch macht es einen schlechten Eindruck. Welche Frau lehnt sich schon gerne an der Schulter eines Mannes an, der bei einer wichtigen Gelegenheit wie einem Date plötzlich geld- und machtlos dasteht? Bevor du die Pleite einräumst, solltest du versuchen, aus dem Fettnäpfchen herauszukommen:

- Du zückst deine Zweitkreditkarte, eine EC-Karte oder sprintest schnell wie der Blitz zum nächsten Service-Terminal deiner Bank.
- Du verpfändest beim Kellner deine Rolex, deine Seele oder dein gesamtes Portemonnaie samt Inhalt, damit er bis zum nächsten Tag anschreibt. Aber auf keinen Fall Autoschlüssel, Handy oder Kondome – du hast schließlich noch anderes vor, als im Restaurant abzuhängen.

- Du bestellst noch eine Runde Dessert, Käse oder einen Absacker und rufst in der Zwischenzeit deinen besten Freund oder deine Mutter an, damit sie vorbeikommen und die Rechnung begleichen (heimlich, wohlgemerkt!).
- Du checkst mit ihr spontan im Hotel ein, das zum Restaurant gehört. Da könnt ihr euch ein paar romantische Tage machen, bis der nächste Gehaltsscheck kommt oder du in der Nacht heimlich genügend Teller gespült hast, um die Rechnung zu zahlen.

Oder ganz anders: Laut Knigge ist es heute vollkommen o. k., wenn auch mal die Dame einlädt – nicht nur bei Geschäftsessen, sondern auch bei privaten Anlässen. Allerdings darf sie dann natürlich auch das Lokal aussuchen. Wenn du also nicht auf vegetarische Restaurants stehst, musst du dir anschließend eben heimlich ein Paar Wiener an der Bude besorgen. Dafür brauchst du dann aber auch keine Kreditkarte – die paar Euro in der Hosentasche sollten locker reichen.

96. Wie faltet Mann eine Unterhose – und wozu?

Damit du mehr Platz und Überblick in deinem Schrank hast. So findest du schneller das Teil, das sie schon immer so sexy gefunden oder dir neulich zu eurem Jahrestag geschenkt hat, und musst nicht in den neonfarbenen Nikolaus-Boxershorts auftauchen.

Beim „Wie" muss differenziert werden:

Boxershorts: Links und rechts am Bündchen fassen, einmal ausschlagen, damit der Stoff glatter liegt, die Vorderseite nach oben und die linke Seite auf die rechte Seite klappen. Nun noch einmal quer falten, sodass Bund und Hosensaum übereinander liegen (bei großen Exemplaren eventuell sogar dritteln – unterstes Drittel nach innen einschlagen, oberstes Drittel drüberklappen). Fertig.

Slips: Links und rechts am Bündchen nehmen, einmal ausschlagen. Den Schritt nach oben ans Bündchen klappen und erst den linken, dann den rechten Seitenteil darüber klappen, sodass ein handliches kleines Paket entsteht.

Nun musst du die Unterhosen nur noch ordentlich und mit dem Bund zur selben Seite hin ausgerichtet aufeinanderstapeln und unfallfrei in den Schrank bugsieren. Die nächste Frau, die heimlich in deinen Schubladen stöbert, wird von deiner Ordnung wahnsinnig beeindruckt sein.

Übrigens: Bei einer Umfrage unter knapp 2 000 Frauen gaben 80 Prozent an, dass sie auf Boxershorts stehen. Feinripp-Slip und Tanga sind mit rund 7 Prozent weit abgeschlagen. 68 Prozent der Frauen wollen ihren Süßen im Bett mit T-Shirt und Shorts, 48 Prozent lieber gleich ganz nackt sehen. Dass die Unterhose dann, kurz bevor sie aus dem Bett fliegt, nicht erst lange gefaltet werden sollte, ist ja wohl auch klar …

97. Wie schaffe ich es, ein Macho zu werden (obwohl ich im Grunde meines Herzens ein Softie bin)?

Am besten, du wartest bis zur nächsten Wiedergeburt und suchst dir dann Eltern aus, die dir diesen Blödsinn antrainieren. Überleg's dir auf jeden Fall gut, ob du wirklich Macho sein willst!

Was versteht man eigentlich darunter? Macho bezeichnet im Deutschen einen Mann, der sich zwanghaft an den traditionellen Rollenbildern orientiert. Er zeichnet sich also aus durch:

- erzkonservative Denkweise („Frauen gehören an den Herd!“)
- aggressives Verhalten
- Imponiergehabe und Narzissmus
- überhebliches und herablassendes Verhalten
- alberne „Wer-ist-der-Stärkere-Rituale“
- übertriebene Neigung zu Statussymbolen
- frauenverachtende Sprüche wie: „Männer haben doch nichts gegen die Frauenbewegung, sie muss bloß rhythmisch sein!“

Wenn du das Gefühl hast, dass du bei Frauen nicht gut ankommst, dann sei mal selbstkritisch: Denn daran, dass du kein Macho bist, liegt es sicherlich nicht. Frauen wissen einfühlsame Männer nämlich sehr zu schätzen.

Das Gerücht, dass Frauen auf Machos stehen, hat allerdings schon einen wahren Kern. Es gibt durchaus einige Dinge an diesem Typ Mann, die auf Frauen anziehend wirken:

- gutes Selbstbewusstsein
- Entscheidungsfreudigkeit
- Beschützerhaltung

Das sind in der Tat Eigenschaften, die Frauen sehr wichtig sind. Aber ein Macho musst du deswegen nicht werden. Wenn du trotz dieser Warnungen einmal probieren willst, den Macho zu geben:

- Bestehe darauf, dass deine Freundin einen Schritt hinter dir geht.
- Lerne mindestens zehn frauenfeindliche Witze auswendig und erzähle sie im Beisein deiner Freundin.
- Lass dich von vorne bis hinten bedienen.
- Sag deiner Freundin, dass sie dich ab heute um Erlaubnis bitten muss, wenn sie etwas unternehmen will.

Insbesondere dann, wenn dir interessante und intelligente Frauen Angst machen, ist das eine prima Methode, sie von dir fernzuhalten …

98. Warum habe ich gerade keine Zeit für den Schuhladen?

Was Frauen so sehr an Schuhen fasziniert, wird wohl den meisten Männern für immer ein Rätsel bleiben. Das weibliche Geheimnis wird jedoch spätestens dann zum wahren Albtraum, wenn man uns zum gemeinsamen Schuhkauf animieren will.

Hier die wichtigsten Argumente dafür, warum wir gerade heute, hier und jetzt, so wirklich **überhaupt gar keine Zeit** für den Schuhladen haben:

1. a) „Ich habe doch schon ein Paar Schuhe."
   b) „Du hast doch schon zwanzig Paar Schuhe."
   c) „Für den Tanzkurs reichen meine alten Panama-Jacks doch noch."
2. „Heute spielt der FC Bayern."
3. „Lieber nicht, weil ich dann wahnsinnig werde, in die Irrenanstalt muss und kein Geld mehr für deine Schuhe verdienen kann!"
4. „Ich muss unbedingt noch in den Baumarkt – die Dichtungen an der Heizung ..."
5. „Ich glaube, du kannst das viel besser allein, Schatzi. Du hast doch ohnehin einen super Geschmack, da kann ich dir ja völlig vertrauen."
6. „Ich finde, man sollte nur handgemachte Schuhe in Italien kaufen, am besten bei Giuseppe in Milano."

99. Wie erkläre ich ihr das Abseits, ohne dass es Streit gibt?

Indem du erstmal für dich sicherstellst, dass du die Abseitsregel kennst. Zunächst gibt es zwei Bedingungen, dass Abseits gepfiffen wird:

1. Ein Spieler befindet sich in einer Abseitsposition: Er ist der gegnerischen Torlinie und dem vorletzten gegnerischen Abwehrspieler näher als der Ball. (Der Torwart zählt auch zu den Abwehrspielern.)
2. Dieser Spieler nimmt aktiv am Spielgeschehen teil, indem er
   a) ins Spiel eingreift (den Ball spielt),
   b) einen Gegner beeinflusst (stört, Weg/Sicht versperrt) oder
   c) sonst einen Vorteil aus seiner Position zieht.

Doch keine Regel ohne Ausnahmen: Es wird kein Abseits gepfiffen, wenn

- der Spieler noch in der eigenen Spielfeldhälfte ist,
- der Spieler noch auf gleicher Höhe mit dem vorletzten oder den beiden letzten Abwehrspielern ist,
- der Spieler den Ball durch einen Eckstoß, Einwurf oder Abstoß erhält oder
- der Spieler zwar im Abseits steht, aber nicht auf Ball, Spiel oder Gegner einwirkt (deshalb heißt es dann passives Abseits).

Alles klar? Dann zum pädagogischen Teil: Demonstriere ihr die Abseitsregel am besten auf einer Tischplatte. Mit Streichhölzern kannst du die Tore bauen, die Spieler werden durch Mensch-ärgere-dich-nicht-Männchen markiert und als Ball tut's eine Murmel oder ein (rundes!) Pfefferminzbonbon.

Jetzt musst du ihr nur noch erklären, warum es so oft Streit wegen Abseits gibt: weil nämlich Schieds- und Linienrichter auch nur Menschen sind und das menschliche Auge in der Spielhektik oft überfordert ist, die Positionen der Spieler zueinander genau festzustellen. Noch abwechslungsreicher wird die Sache durch das passive Abseits (siehe S. 222), das Raum für unzählige Fehlinterpretationen lässt. Nicht umsonst gibt es sogar Schiedsrichter, die sich für die Abschaffung der Abseitsregel einsetzen – Fifa-Präsident Blatter hat alternativ schon laut darüber nachgedacht, Fußbälle mit Mikrochips auszustatten, um die Zahl der Nervenzusammenbrüche bei den Referees zu senken.

Nachdem nun geklärt ist, dass die elfte Regel im Fußball in Kombination mit dem Faktor Mensch das eigentliche Problem ist und dass du für beides nicht das Geringste kannst, sollten Streitereien vor dem Fernseher eigentlich ein Ende haben – es sei denn, du verplapperst dich und verrätst, dass Fußball dir wichtiger ist als alles andere auf der Welt? (Sie: „Meinst du wirklich **alles**?" Er: „Ja, klar, wieso?")

Quelle: *DIE ZEIT*

100. Wie funktioniert „sparsam Auto fahren"?

Auch wenn es dir vielleicht nicht sehr sportlich vorkommt – sparsames Auto fahren kommt bei Frauen deutlich besser an als Rasen und ist reine Gewohnheitssache. Mit dem, was man an Benzingeld weniger ausgibt, lässt sich zudem einiges anfangen. Automobilklubs halten für Lernwillige sogar extra Spritspar-Trainingsangebote bereit (etwa unter www.adac.de), aber mit ein paar einfachen Tipps kann man auch schon einiges bewirken. Wichtig ist vor allem, dass du schnell hochschaltest und mit niedrigen Drehzahlen fährst.

Hier die besten Maßnahmen für geringen Spritverbrauch:

1. Nicht schon beim Starten des Motors Gas geben, sondern erst beim Losfahren.
2. Nach dem Anfahren so schnell wie möglich in den zweiten Gang schalten.
3. Zügig hochschalten: Schon ab rund 2000 U/min kann der nächsthöhere Gang eingelegt werden.
4. Nicht zu früh zurückschalten: Solange der Motor noch nicht ruckelt, musst du noch nicht runterschalten.
5. Vorausschauend fahren: Wer mit Vollgas auf eine rote Ampel zurauscht und erst kurz davor kräftig auf die Bremse tritt, bekommt an der Zapfsäule die Quittung. Wer hingegen früh genug die Bremswirkung des Motors nutzt, spart ganz

erheblich – und schont dabei meistens noch neben Umwelt und Geldbeutel seine Nerven.

6. Motor nicht unnötig laufen lassen: An Bahnübergängen ist das Abstellen des Motors sogar vorgeschrieben, aber es lohnt sich auch sonst.
7. Unnötigen Ballast über Bord werfen: Kletterausrüstung, Bowling-Kugel, Getränkekisten, der 200-Teile-Werkzeugkoffer und ähnliches sollten sich nur dann im Auto befinden, wenn sie auch wirklich gebraucht werden – jedes zusätzliche Kilo Gewicht jagt nämlich den Benzinverbrauch nach oben. Noch schlimmer sind Fahrradträger und Skibox: Wer sie leer spazieren fährt, verbraucht damit bis zu 20 Prozent mehr Sprit.

Noch mehr Geld sparst du natürlich, wenn du auf ein Drei- bis Vier-Liter-Auto umsteigst (z.B. Audi A 2, VW Lupo, Smart cdi, Citroen C1, VW Polo, Toyota Prius, Renault Twingo). Einige davon gibt es allerdings nur noch gebraucht, da die sogenannten Drei-Liter-Autos kaum nachgefragt wurden.

Die schickere (aber teurere) Variante: Leg dir ein Hybrid-Auto zu. Die Feinstaub-, Klima- und CO2-Diskussion hat dazu geführt, dass inzwischen jeder dritte deutsche Autofahrer bereit wäre, beim nächsten Kauf so einen Wagen zu erwerben. Sie sind auch willens, um die 2 000 Euro mehr für die Karre zu zahlen. Kein Wunder: Wenn der Benzinpreis erst mal bei fünf Euro/Liter liegen wird, ist die Kohle (etwa bei halbem Verbrauch) ja auch verdammt schnell wieder drin.

Quellen: *Welt am Sonntag*; Continental AG

101. Großer Busen, großes Herz – was ist dran?

Wenn die Brust einer Frau überdimensional groß ist und der Rest des Körpers mitschwabbelt, kannst du davon ausgehen, dass die damit einhergehende Belastung des Kreislaufs zu einer gewissen Vergrößerung des Herzmuskels führt. Ach so, du bist gar kein Herzchirurg? Na dann …

Ein großer Busen erinnert an die (ideale) Mama. Auch wenn die Brust deiner Mutter gar nicht so groß war – als du noch daran genuckelt hast, erschien sie dir gigantisch. Und mit der Mutter sind nun einmal die ersten, grundlegenden und tiefsten Gefühle verbunden. Verständlich also, dass wir einen großen Busen mit tiefen, von Herzen kommenden Gefühlen in Verbindung bringen. Dennoch stimmt dies nicht:

Großer Busen infolge von Fettsucht: Das große Herz ist eher, wie schon erwähnt, auf die Kreislaufbelastung zurückzuführen. Dicke Frauen sind nicht prinzipiell herzlicher. Oft verbergen sie sogar ihre Gefühle unter ihrer Fettschicht.

Großer Busen infolge genetischer Veranlagung: Führt meist zu Rückenschmerzen, die sich eher gegen aufkeimende Herzlichkeit richten.

Großer Busen infolge von Implantaten: Offensichtlich spielen ganz andere Werte als tiefe Gefühle eine Rolle …

Die warmen Gefühle, die dich überkommen, wenn du pralle Möpse siehst, sind also Marke Eigenbau.

Durch bloßes Hingucken offenbart sich dir kein großes Herz. Zuhören ist da viel besser.

102. Wie macht Mann einen guten Cappuccino?

Wie Mann einen perfekten Cappuccino zubereitet, verrät bis ins kleinste Detail das Nationale Institut für italienischen Espresso: Man benötigt 25 ml perfekten, frisch zubereiteten italienischen Espresso und 125 ml mit Dampf erhitzte und aufgeschäumte Milch. Sie muss 3,2 bis 3,5 Prozent Fettanteil haben (also keine fettarme Milch verwenden), frisch sein und soll beim Aufschäumen von 3 bis 5°C (Kühlschranktemperatur) auf rund 55°C erwärmt werden. Dann wird der Espresso in eine Tasse gegossen. (Sie sollte 150 bis 160 ml Flüssigkeit fassen können, aus weißem Steingut oder Porzellan gefertigt sein und selbstverständlich ebenso wie alle übrigen Zutaten aus bella Italia stammen.) Anschließend den Milchschaum darauf geben, sodass sich am Rand die typische kaffeebraune Mischung aus Milchschaum und Espresso bildet.

Der Cappuccino kann mit Kakaopulver oder sogar Zimt bestäubt werden, klassisch ist aber ein zusätzlicher Schuss Espresso, der bei Perfektionisten ein hübsches Muster ergibt. Das italienische Espresso-Institut bietet außerdem eine ganze Reihe (teurer) Espressomaschinen und Kaffeemischungen an, die angeblich erst die Zubereitung von perfektem italienischem Espresso und Cappuccino ermöglichen.

Stehst du eher auf die unkomplizierte schnelle Variante, scherst du dich am besten erst gar nicht um Milliliter, Prozente, Celsius-Grade und Porzellan: Gieß einfach einen passablen Espresso in den Pott und ungefähr die doppelte Menge an aufgeschäumter Milch hinzu. (Ohne Dampfdüse an der Espressomaschine musst du eben einen auf Schaumschläger machen und die Milch im Topf möglichst hektisch rühren.) Ist natürlich nicht ganz das Gleiche wie vom Profi – aber mit einem schmeichelnden „Una super Espresso per una super signorita“ kannst du das locker ausgleichen (vorausgesetzt, sie versteht dich nicht ...).

Quelle: Istituto Nazionale Espresso Italiano

103. Was, wenn die neue Kollegin zu heiß fürs Büro ist?

Sofort für Abkühlung sorgen: Stell dir einfach vor, wie dich dein Chef wegen eines geplatzten Projekts zur Schnecke macht – das dürfte reichen, um wenigstens für den Moment wieder einen ausreichend kühlen Kopf zu haben. Um Kopfverdrehungen langfristig vorzubeugen, hilft Folgendes:

Problem 1: Du kannst keinen klaren Gedanken mehr fassen, sobald sie das Gebäude betritt.

- Lösung a: Heirate sie. Dann fehlen nur noch ein paar Kinder, und schon bleibt sie zu Hause, und du kannst wieder konzentriert arbeiten.
- Lösung b: Such dir einen neuen Job.
- Lösung c: Sorge dafür, dass sie sich einen neuen Job sucht (wenn du an deinem hängst).

Problem 2: Alle anderen können keinen klaren Gedanken mehr fassen, sobald sie das Gebäude betritt, und die gesamte Arbeit bleibt an dir hängen.

- Lösung: Siehe 1a bis c

Problem 3: Weil alle nur noch darüber streiten, wer ihr als nächster zu Füßen liegen darf, steht die gesamte Firma kurz vor der Pleite.

- Lösung a: Sorge dafür, dass sie den Chef heiratet und deshalb nie wieder arbeiten muss (solange er die Firma noch hat).

- Lösung b: Sorge dafür, dass so viele Frauen wie möglich zusätzlich eingestellt werden – sexy Konkurrenz belebt das Geschäft.
- Lösung c: Nimm einen Kredit auf und kauf den ganzen Laden auf, sobald der Konkurs absehbar ist. Dann bringst du das Geschäft wieder zum Laufen, machst dich selbst zum Chef und hast so schon die passende Chefsekretärin an deiner Seite.

104. Was bringt ein Ehevertrag?

Nicht unbedingt eine glücklichere Ehe, denn 64 Prozent aller geschiedenen Ehen konnten auch durch die vorherige vertragliche Regelung nicht gerettet werden. Dafür ist die finanzielle Absicherung garantiert. Mit einem Ehevertrag vermeidest du, dass irgendwann Villa, Maserati, Segelyacht und deine Golfschläger weg sind. Durch den Vertrag kannst du nämlich rechtzeitig bestimmen, wie im Falle einer Scheidung das gemeinsame Leben auseinanderdividiert werden soll. Der Vorteil: Du kannst dich mit deiner zukünftigen Ex-Frau schon vor der Trennung darauf verständigen, wer was bekommt, während ihr euch noch prima versteht – das ist normalerweise viel einfacher, denn im Streit kehrt später jeder seine übelsten Seiten heraus. Der Nachteil: Das Scheitern der Ehe wird dadurch indirekt schon im Voraus mit einkalkuliert. Manch Zukünftige kann daher schon im bloßen Vorschlag, einen Vertrag zu schließen, einen schwerwiegenden Vertrauensbruch sehen: Und so kommt es schon zur ersten großen Krise, noch bevor ihr überhaupt vor den Altar getreten seid.

Falls du deutlich mehr Vermögen als sie in die Ehe mitbringst und vorsichtshalber einen Ehevertrag schließen willst, solltest du ihn auf jeden Fall von einem guten Anwalt hieb- und stichfest machen lassen, damit du dich wirklich abgesichert fühlen kannst. Dennoch solltest du fair bleiben, damit deine Braut nicht irgendwann nur noch deshalb bei dir bleibt, weil sie sonst betteln müsste.

Ist sie es hingegen, die mächtig Kohle hat und von einer Ehe mit Vertrag träumt, musst du eben in den sauren Apfel beißen. Die meisten Frauen mit Geld sind sehr misstrauisch gegenüber Männern, die im Grunde nicht das Herz einer Frau, sondern nur ihr Aktiendepot erobern wollen. Und dies ganz zu Recht, denn wie sagte schon Goethe so schön: „Durch Liebe wird uns erst etwas zum Besitz."

105. Was hilft wirklich gegen Schweißfüße?

Schweißfüße entstehen durch eine erhöhte Aktivität der Schweißdrüsen an den Füßen und machen sich leider oft durch einen unangenehmen Geruch nach „Harzer Roller“ bemerkbar. Der entsteht aber nicht durch den Schweiß selbst, sondern durch die Bakterien, die sich auf der ständig feuchten Haut riechlich wohlfühlen und kräftig vermehren. Als ob das nicht schon reicht, sind Schweißfüße auch besonders anfällig für Fußpilz-Infektionen – es gibt also einige dufte Gründe, gezielt gegen die Hyperhidrosis pedis (die lateinische Bezeichnung für Schweißfuß, riecht deshalb aber auch nicht besser) vorzugehen.

Bei extremen Schweißfüßen solltest du zum Dermatologen gehen. Der hilft mit einer Aluminiumchlorid-Lösung, die die Schweißdrüsen verstopft und die Füße im Idealfall nach einigen Wochen trockenlegt. Doch leider ist es damit manchmal nicht genug. Alternativ bietet sich daher die Leitungswasser-Iontophorese an. Dabei werden die Füße in wassergefüllten Schalen mit Gleichstrom behandelt – anfangs täglich, danach reicht oft eine Behandlung pro Woche. Keine Sorge: Alles, was du dabei fühlst, ist ein leichtes Kribbeln. Beide Methoden müssen jeweils dauerhaft fortgesetzt werden, um die Schweißproduktion der Füße in Schach zu halten.

Daneben gibt es noch eine ganze Reihe einfacher Maßnahmen, mit denen man selbst effektiv gegen Schweißfüße vorgehen kann. Hier die besten Do-it-yourself-Tipps gegen Käsegeruch:

- Sorge dafür, dass deine Füße genug Luft bekommen. Gehe möglichst oft barfuß – das stärkt die Fußmuskulatur, massiert die Fußreflexzonen, stimuliert das Immunsystem und lässt deine Füße atmen. Mit etwas Training geht das auch in der kühleren Jahreszeit – am Strand und auf der Wiese oder gleich ganz kultiviert im Barfußpark. (Ein Verzeichnis der deutschen Barfuß-Sinnespfade findest du unter www.barfusspark.info; oder schau doch mal unter www.barfuss-trend.de. Du wirst dich wundern, wie das Ausziehen der Schuhe dein Leben verändern kann …)
- Egal, ob du auf kleinem oder großem Fuß lebst die Schuhe sollten stimmen. Kunststoff-(turn-)schuhe und Polyacryl-Socken sind geradezu eine Einladung für Stinkebakterien. Trage also lieber atmungsaktive, leichte Lederschuhe oder Sandalen und Socken aus Naturfasern wie Baumwolle. Die Schuhe solltest du täglich, die Socken sogar mehrmals täglich (immer wieder mal) wechseln.
- Mache Fußbäder mit Gerbsäure (aus der Apotheke).
- Geruchshemmende Einlegesohlen mit Zimt-, Zedernholz- oder Aktivkohlezusätzen wirken oft Wunder.
- Altmodisch, aber immer noch wirkungsvoll: Pudere dir die Füße – und denk dir nichts dabei. Das ist immer noch besser, als sich die Nase zu pudern, denn im Gegensatz zur Nase stecken Füße die Feinstaubbelastung locker weg.

106. Kriegt Mann Glatze eigentlich jemals wieder weg?

Ein heikles Thema: Viele Männer stellen sich diese Frage erst, wenn der Haaransatz schon deutlich nach hinten gerutscht oder am Hinterkopf eine auch beim besten Willen kaum übersehbare kahle Stelle aufgetreten ist. Dermatologen und Hersteller von Haarwuchsmitteln weisen jedoch regelmäßig darauf hin, dass Mann dem Haarausfall schon möglichst früh vorbeugen sollte, möchte Mann eine nennenswerte Anzahl funktionierender Haarwurzeln retten. Wie der Haarwuchs auf Rettungsmaßnahmen reagiert, hängt allerdings immer von der Ursache des Haarausfalls ab: Stress, falsche Ernährung und bestimmte Erkrankungen können zu krankhaftem Haarausfall führen, der teilweise runde, völlig kahle Stellen verursacht (*Allopecia areata*). Ändern sich die Umstände zum Positiven, kommen die Haare oft sogar freiwillig wieder – und zwar umso zuverlässiger, je schneller und gründlicher du die auslösenden Faktoren in den Griff bekommst. (Hör also so schnell wie möglich auf, dir wegen jedem Blödsinn die Haare zu raufen!)

Gegen den leider weitaus häufigeren, genetisch-hormonell bedingten Haarausfall („Opa hatte auch ne Glatze"), der zur klassischen Platte am Hinterkopf und zu ausgeprägten Geheimratsecken führt, lässt sich hingegen nicht so leicht was machen. Die unzähligen Mittelchen, die im Laufe der Jahrhunderte gegen die vermeintliche Minderung männlicher Schönheit angepriesen wurden, ließen meist nur den

Kontostand ihres Herstellers wachsen, aber selten ein einzelnes Härchen auf dem Kopf eines Mannes. Der Dermatologe kann zwar Tabletten verschreiben, die den weiteren Haarausfall bremsen und wenigstens die Haarwurzeln reaktivieren, die erst vor kurzem den Dienst eingestellt haben, aber jenen, auf deren Kopf schon seit längerem kein Gras mehr gewachsen ist, helfen auch diese Mittel nicht. Als letzte Maßnahme bleibt hier nur die Eigenhaartransplantation – und die ist mit deutlich höheren Kosten verbunden. Wer damit liebäugelt, sollte sich bewusst sein, dass dabei nur das vorhandene Haar besser verteilt wird, ein wirklich dichter Haarschopf lässt sich damit also auch nicht erreichen.

Die beste Lösung: Greife bei zunehmenden Kahlstellen auf einen super Kurzhaarschnitt à la Zinedine Zidane oder Bruce Willis zurück und trage dein Schicksal mit Fassung. Modisch gesehen kommst du damit nicht erst seit *Kojak* und Yul Brynner gut durch. Auf Frauen wirkt eine mit viel Selbstbewusstsein präsentierte Glatze weitaus anziehender als all die hilflosen Versuche, diese mit Tricks oder enormem Aufwand zu bekämpfen. Und wenn du das Geld für die Eigenhaartransplantation (das Minimum liegt bei rund 3 000 Euro) in eine Kreuzfahrt oder eine neue Kücheneinrichtung investierst, wird deine Liebste sowieso großzügig über die paar fehlenden Härchen hinwegsehen.

107. Wie geht „essen mit Messer und Gabel“?

Ganz einfach, wie wir es bei Mutti gelernt haben, sollte man meinen: Das Messer kommt in die rechte Hand, die Gabel in die linke und dann wird fröhlich drauflos gesäbelt und gemampft. Tja – ist aber leider ein Irrtum. Zumindest im Restaurant oder bei einer Einladung solltest du darüber hinaus ein paar wichtige Kleinigkeiten beachten:

- Wenn mehr als ein Messer und eine Gabel neben dem Teller liegen, nicht einfach das nehmen, das dir am besten gefällt. Zuerst wird immer das Besteck benutzt, das am weitesten außen liegt, beim nächsten Gang dann das, was weiter innen liegt usw. Übrigens hat die Bestecksammlung auch Vorteile: Du siehst auf einen Blick, wie üppig das Mahl wird; den Dessertlöffel kannst du natürlich noch addieren.
- Messer und Gabel werden nicht in die Höhe gehalten oder zu wildem Gestikulieren gebraucht: Der Tischnachbar könnte sich sonst bedroht fühlen und adrenalingestärkt zum Angriff übergehen.
- Messer und Gabel sind kein schweres Werkzeug – sie sind also nicht mit aller Kraft zu umklammern, sondern mit Gefühl am Ende des Griffs zu halten. Selbst beim Schneiden von schuhsohlenartigem Fleisch dürfen die Finger nicht so weit nach untern rutschen, dass sie auf der Messerklinge oder den Zinken der Gabel liegen. Es sollte also immer ganz cool aussehen.

- Benutze das Besteck mit Gefühl: Das Quietschen von Metall auf Porzellan geht nicht nur durch Mark und Bein, es zeigt auch, dass hier jemand über unzureichende Feinmotorik und mangelndem Feingefühl verfügt.
- Die Gabel wird zum Mund geführt, nicht der Mund zur Gabel. Klingt banal, wird aber oft vernachlässigt. Außerdem wischt man das Messer weder an der Gabel noch an etwas auf dem Teller ab – zumindest dann nicht, wenn es ganz fein zugehen soll. Und Ablecken geht natürlich erst recht nicht.
- Bei einer Pause werden Messer und Gabel nicht auf den Tisch gelegt oder an den Tellerrand gelehnt (es könnte Soße auf die Tischdecke tropfen), sondern auf dem Teller **gekreuzt**. Die Gabel zeigt dabei mit dem Rücken nach oben. Das signalisiert, dass man das Essen noch nicht beendet hat.
- Wer aber schon fertig ist, legt Messer und Gabel **parallel** zueinander, leicht diagonal auf dem Teller ab – die Gabel diesmal mit den Zinken nach oben. Dass die Ausrichtung des Bestecks etwas über den Geschmack des Essens sagt, ist übrigens ein antiquiertes Gerücht: Wer würde schon seinem Gastgeber so offen zeigen wollen, dass es ihm nicht geschmeckt hat?

108. Wie kriege ich ein Surfbrett ins Flugzeug?

Einfacher als du denkst: Praktisch jede Fluglinie ist heutzutage darauf eingestellt, zusätzlich zu ihren Passagieren auch Sportgepäck in Form von Tauchausrüstung, Skiern, Golfschlägern und eben auch dem Surfbrett im Flugzeug unterzubringen. Im Gegensatz zum Golf-Equipment ist jedoch das Surfbrett in der Regel gebührenpflichtig – die Golfspieler sind im Management von Lufthansa, Air France und Co. vermutlich einfach in der Überzahl. (Ganz schön gemein, wo sich doch Golfer die Zusatzkosten viel eher leisten könnten als Beach Boys.)

Wichtig ist, dass du dein Surfbrett bereits bei der Buchung für den Flug anmeldest (!) – wer es erst am Flughafen präsentiert, muss auf das Schlimmste gefasst sein und sollte einen Freund dabeihaben, der es notfalls wieder mit nach Hause nimmt. Das Surfbrett muss natürlich verpackt sein, in der Regel sollte dafür aber die normale Tasche ausreichen, in der du es auch sonst durch die Gegend schleppst. Die Gebühr fürs Mitnehmen variiert von Fluglinie zu Fluglinie, liegt aber meist zwischen 25 und 50 Euro Oneway (also nur für den Hinflug) und ist normalerweise direkt vor dem Abflug zu bezahlen.

Genaue Infos bekommst du bei der Buchung. Weil du das Surfbrett ja sowieso anmelden musst, kannst du dabei gleich alles Wissenswerte erfragen. Schwierig ist es nur, wenn du deinen Flug nicht im Reisebüro, sondern übers Internet buchen willst, denn dabei kannst du in der Regel keine Extras wie eben dein

Sportgepäck anmelden. Normalerweise findest du auf der Homepage der Fluggesellschaft aber auch die Telefonnummer einer Service- oder Buchungs-Hotline, wo du erfragen kannst, wie du dein Surfbrett auch in diesem Fall ins Flugzeug kriegst. Zwischen die Knie klemmen gilt jedoch nicht – das Ding muss auf jeden Fall brav in den Gepäckraum, denn was schon für größere Pudel gilt, gilt natürlich erst recht für gigantische Bretter.

109. Gibt es eine elegante Art, Schluss zu machen?

Bis auf die Wurst hat alles Gott sei Dank nur ein Ende – auch die Liebe. Wurst also, ob nach zwei heißen Wochen oder 25 lauwarmen Ehejahren – irgendwann ist die Luft raus und du musst in den sauren Apfel beißen, um wieder frei zu sein. Vielleicht wird deine Partnerin erleichtert sein, wenn du Schluss machst, da sie dir ohnehin zuvorgekommen wäre. Sehr wahrscheinlich aber wird es bitter. Und damit es wenigstens bei zartbitter bleibt, solltest du so bitte keinesfalls Schluss machen:

- „Es“ ausrichten lassen, nach dem Motto: „Hat Peter dir eigentlich schon gesagt, dass er jetzt ne andere hat?“ Das ist eindeutig die feigste Art, um Schluss zu machen – so viel Seelen-Geschirr, wie du damit zerstörst, schafft kein Elefant im Porzellanladen …
- Per SMS machen nur Idioten Schluss. E-Mail oder Telefonat sind auch nicht gut. Der klassische Brief (aber bitte mindestens zwei Seiten lang) ist o. k., aber nur, wenn du mutig genug bist, ihr kurz davor oder danach auch in die Augen zu schauen.
- Wenn du nicht willst, dass sie dich (berechtigterweise) überall als Vollidioten bezeichnet und deine erotischen Marktchancen dadurch mächtig reduziert, solltest du dir ein paar typische Deppen-Floskeln sparen:
  a) „Ich glaube, ich brauche jetzt mal wieder ein bisschen mehr Freiheit.“

b) „Jetzt weine doch nicht die ganze Zeit."
c) „Du hast einen Besseren verdient."
d) „Ich merke, dass ich noch nicht reif für eine richtige Beziehung bin."
e) „Keine Ahnung, warum ich nicht mehr will hat sich irgendwie so ergeben."
f) „War saulangweilig mit dir ich bin ganz schön froh, dass das jetzt ein Ende hat."
g) „Weißt du, irgendwie steh ich halt doch nur auf Blonde und ein bisschen längere Beine, naja."

Gibt es aber eine elegante Art, Schluss zu machen? Nicht wirklich, denn es wird auf jeden Fall Tränen und mit etwas Pech auch böses Blut geben. Aber ein bisschen Gentleman geht natürlich immer, wenn du folgende Regeln einhältst:

- Lüge sie nicht an! Erzähl ihr nichts von Selbstverwirklichung und Freiheit, wenn du im Grunde gedanklich schon unter dem nächsten Rockzipfel hängst.
- Stell dich! Sei ein Mann und keine Maus. Sag ihr offen, dass deine Gefühle sich geändert haben, oder beichte ihr, wenn du dich neu verliebt hast. Versteck dich nicht, mach die Tür auf, wenn's klingelt und steck dein Telefon nicht ständig aus.
- Willst du etwas Dramatik rausnehmen, geh mit ihr zum Essen oder in ein Café – dort wird sie dir zumindest nicht so leicht das Gesicht zerkratzen, Tische zertrümmern oder in einen 15-minütigen Schreikrampf verfallen.

- Wenn du dir nicht sicher bist, bitte um Trennung auf Zeit. Wenn du aber sicher bist, dass das mit euch nichts mehr wird, halt bloß die Klappe von wegen „kurze Pause einlegen“.
- Nicht nachtreten! Ist schon schlimm genug. Auch wenn sie jetzt gehässig wird (weil sie verletzt ist), solltest du es ihr nicht gleichtun. Erspar euch beiden das Aufzählen aller schrecklichen Augenblicke, die ihr zusammen erlebt habt. Deine Autoreifen werden es dir danken.
- Kuss zum Abschied? Höchstens auf die Wange, sonst wird aus dem Abschiedskuss leicht ein Abschiedsfick und dann steckt ihr erst recht im Gefühls-Schlammassel.

110. Wie entfernt Mann Brusthaare?

Du stehst nicht auf Brusthaare à la Sean Connery? Dann kannst du locker aufs Brusthaar-Toupet verzichten. (Im Ernst: So etwas gibt's!) Der Nachteil dabei: Loslassen ist oft schmerzhaft. Wenn Mann sich wirklich von seinen Brusthaaren trennen will, steht er vor einem klassischen Dilemma: Entweder kommen die Haare gleich wieder oder das Entfernen tut sauweh. Zur Wahl stehen grundsätzlich folgende Methoden:

Rasieren: Keine wirklich sinnvolle Methode, oder möchtest du wirklich Bartstoppeln auf der Brust haben? Keine Frau wird sich mehr gerne an dich schmiegen, wenn sich nicht nur dein Kinn, sondern auch deine Brust wie ein wild gewordener Igel anfühlt.

Enthaarungscremes: Hinterlassen zwar keine Stoppeln, aber oft noch ziemlich viel Restbehaarung – für Männerhaare ist das Zeug einfach nicht stark genug. Ein Test kann aber trotzdem nicht schaden.

Kalt- oder Warmwachs: Schon mal gesehen, wie sich deine Freundin damit gequält hat? Enthaaren mit Wachs funktioniert zwar ziemlich gut und hält auch für eine Weile, aber es hat einen großen Nachteil: Es kann höllisch wehtun. Eindeutig nur ein Fall für ganze Kerle (aber die haben ja meist ohnehin kein Problem mit ihrer behaarten Brust ...).

Epiliergeräte: Wie beim Wachsen werden die Haare ruckzuck ausgerissen, der Schmerzfaktor ist genauso hoch, aber die Angelegenheit ist bei weitem nicht so klebrig.

Elektroepilation, Laser- und andere Licht-Behandlungsarten: Versprechen zwar dauerhafte Haarentfernung, aber es sind meist etliche Sitzungen nötig, um wirklich alle Haarwurzeln zu killen. Teilweise wird der Haarwuchs auch einfach nur verlangsamt. Die Schmerzen sollen zwar viel geringer ausfallen als bei Wachs oder Epiliergeräten, es kann aber manchmal zu unerwünschten Nebenwirkungen kommen – besonders dann, wenn der Preis unerklärlich günstig ist. Die Kosten sind nämlich der größte Haken an diesen Verfahren: Bei professionellen Anbietern kostet oft schon eine Sitzung an die 100 Euro. (Also vielleicht doch lieber einen auf Sean Connery machen?)

111. Welche Berufe haben Zukunft?

Das weiß kein Schwein. Das Ärgerliche an der Zukunft ist ja eben, dass man nicht weiß, was dann los ist. (Es sei denn, man ist Nostradamus.) Man ärgert sich ja jede Woche aufs Neue, wenn die Lottozahlen gezogen werden. Selbst Astrologen und Wahrsager schneiden in dem Fall nicht gerade toll ab.

Aber natürlich kann man im Hinblick auf Jobs besser oder schlechter raten. Zumindest kann man ganz gut erraten, welche Berufe **keine** Zukunft haben.

Hier die Top 5 der Looser-Jobs:

1. Mammutjäger
2. Wahlkampfberater von G. W. Bush
3. Dichter
4. Alchemist
5. Superstar

Jaja, du möchtest nicht wissen, welche Berufe keine Zukunft haben, sondern erfahren, welche es noch eine Weile gibt. Berufe, die Zukunft haben, sollten:

1. notwendige Bedürfnisse erfüllen,
2. nicht von jedem ausgeübt werden können,
3. ein gutes Verhältnis von Aufwand zu Erfolg haben. Mit anderen Worten:
   - Umwelt-Technologe

- Computerspezialist (eine Tabellenkalkulation erstellen zu können reicht nicht!)
- Virtuelles Business (Immobilienmakler in 2nd Life)
- Coach
- Arzt
- Prophet/Guru

Nichts für dich dabei? Dann hilft vielleicht das: Jeder Beruf, den du mit Begeisterung, Können und Talent ausübst, hat Zukunft. Denn erstens geht's ja nicht um irgendeine, sondern um deine Zukunft – und wie könnte die besser sein, als wenn du etwas tust, was dir Spaß macht und was du gut kannst. Zweitens gibt es immer eine Nische, die gefragt ist und die diejenigen ausfüllen, die gut darin sind.

112. Was tun, wenn ich Lust auf ihre beste Freundin habe?

Au weia. Das ist so ziemlich eins der übelsten Dinge, die dir passieren können. Mal fremdgehen ist eine Sache – mit der besten Freundin der Partnerin ist es aber zehnmal so schlimm. Wenn du einigermaßen Charakter hast, geht das natürlich gar nicht. Aber eins ist schon klar: Der Reiz des Verbotenen macht die Sache attraktiv. Und wenn die beste Freundin dann auch noch eine ganz tolle Frau und offensichtlich nicht abgeneigt ist, hast du wirklich ein Problem. Da hilft auch ein starker Charakter nur bedingt.

Wenn du der Lust nachgibst, hast du sicher ein paar prickelnde erotische Erlebnisse. Aber der Preis ist hoch:

- Deine Frau/Freundin bist du höchstwahrscheinlich los. Dass du die Geschichte geheim halten kannst, ist eine Illusion. Das klappt nicht. Früher oder später kommt's raus.
- Die Chancen stehen gut, dass du bald zwei Frauen an der Backe hast, die dich abgrundtief hassen.
- Es spricht sich herum und dein Ruf ist ruiniert.
- Auch wenn du es zunächst nicht glaubst: Dein schlechtes Gewissen kann dir wahre Höllenqualen verursachen. Und du kannst es nicht rückgängig machen.

Also lass es! Leichter gesagt als getan. Die Lust kann stärker sein als du. Und wenn die Freundin deiner Partnerin dann auch noch Bereitschaft signalisiert, gibt es kaum noch ein Halten. Wenn du doch noch die Kurve kriegen willst, müssen Psychotricks her:

- Fahr mit deiner Frau/Freundin in Urlaub – ohne ihre Freundin, versteht sich. Ein bisschen Abstand kann oft hilfreich sein.
- Mach eine Fantasiereise in die Zeit, in der du in deine Frau absolut verliebt warst und das Kribbeln im Bauch gespürt hast.
- Stell dir bildreich vor, wie es für dich wäre, wenn sie dich mit deinem besten Freund betrügen würde.
- Mach dir klar, dass deine Vorstellung, wie toll eine Affäre wäre, definitiv immer schöner ist als die Realität.
- Schau dir die beste Freundin genau an und konzentriere dich auf ihre Unzulänglichkeiten.

Die Chance, dass du mit ihrer besten Freundin eine neue glückliche Beziehung anfangen kannst, ist übrigens äußerst gering. Das klappt Umfragen zufolge bestenfalls in 1,5 Prozent aller Fälle.

Quelle: *Freundin*

113. Wie öffne ich ihren BH?

Ein BH ist nur ein BH und kein nach oben verrutschter Keuschheitsgürtel: Für den durchschnittlich handwerklich begabten Mann sollte er also kein allzu großes Hindernis darstellen, obwohl das Öffnen natürlich eine gewisse Feinmotorik erfordert. Der sprichwörtliche Haken an der Sache sind die kleinen Häkchen, die von den Herstellern offenbar so getrimmt werden, dass sie wie Pech und Schwefel zusammenhalten. Noch schlimmer ist es, wenn der BH einen Bikiniverschluss hat. Aber keine Sorge – mit dem entsprechenden Know-how bekommst du auch super-verflixte BHs auf:

- Die große Mehrzahl aller BHs wird mit einem Verschluss aus einem, zwei und manchmal sogar drei vertikal angeordneten Häkchen im Rücken gesichert. Zu jedem Häkchen gibt es mehrere Ösen, um die Weite anzupassen, lass dich also von leeren Ösen nicht verwirren, einfach ignorieren. Am einfachsten ist das Öffnen mit zwei Händen: Du nimmst den Stoff links und rechts vom Verschluss und ziehst die beiden Hälften mit Gefühl ein Stückchen aufeinander zu, damit du mehr Handlungsspielraum hast. Zieh den Verschluss ein wenig vom Körper weg, sodass Häkchen und Ösen nicht mehr auf einer Linie liegen, sondern einen möglichst spitzen Winkel bilden. Jetzt kannst du das Ganze einfach aushaken – bei mehreren Häkchen einfach eines nach dem anderen.

- Anspruchsvoller wird die Sache, wenn du nur eine Hand zur Verfügung hast – eigentlich ist einhändiges BH-Öffnen zwar nur für Teenager im Angeber-Alter wichtig, aber man weiß ja nie … Der Vollständigkeit halber sei hier nur erwähnt, dass es im Prinzip genauso funktioniert wie mit beiden Händen. Allerdings wird eine Seite des BHs mit Ringfinger, kleinem Finger und Handballen festgeklemmt, während man die andere mit den übrigen Fingern heranzieht und aushakt. Funktioniert aber nur mit leicht zu öffnenden BHs, bei den komplizierteren kann man sich ganz schön zum Narren machen, wenn es länger dauert.
- Der Bikini-Verschluss sollte für BHs eigentlich verboten werden: Hier sind die zwei Verschlusshälften so ineinander verkantet, dass man sie erst gegen einen gewissen Widerstand in einen 90°-Winkel zueinander kippen muss, bevor man sie aushaken kann. Wer im Schwimmbad die Augen offen hält, kann täglich Bikini-Trägerinnen entdecken, die selbst beim Öffnen ihres Oberteils scheitern. Kennst du aber die Dame, freut sie sich vielleicht über deine helfende Hand …
- Falls du an der Rückseite des BHs beim besten Willen keinen Verschluss entdecken kannst, handelt es sich vermutlich um ein Sportmodell. Weibliche Unterwäsche ist allerdings eine Materie, der auch der sportfanatischste Mann im Falle eines Sportmodells nichts abgewinnen kann – es ist nun mal weder sexy noch sonst irgendwie aufregend und obendrein oft noch schwieriger zu entfernen als alle anderen BH-Modelle. Der Sport-BH hat entweder einen Verschluss an der Vorderseite

zwischen den Brüsten (dann hast du noch mal Glück gehabt, obwohl es sich meist um eine extra-einbruchsichere Hakenvariante handelt) oder er hat gar keinen Verschluss. Dann muss das ganze Ding über den Kopf gezogen werden, was erstens viel aufwändiger ist, als ein paar Häkchen zu öffnen, und zweitens gar nicht so einfach, weil Sport-BHs nun mal auf festen Halt ausgelegt sind. Aber mit ein wenig sportlichem Teamwork wird sich auch diese Hürde ganz schnell in Wohlgefallen auflösen …

- Fummeln macht Spaß, aber nicht am BH. Bleib also cool und zerre nicht hektisch an der Verpackung herum. Etwas anderes ist es, wenn du einen auf Latin Lover machst und ihr die Kleider bewusst vom Leib reißt. (Vorsicht: Die Haftpflichtversicherung zahlt diese Art Schaden so gut wie nie!) Eine weitere, kleiderfreundlichere Macho-Variante: Hauch ihr einfach die richtigen Worte ins Ohr. („Zieh dich aus Schätzchen – und zwar schön langsam.“)

114. Rosen, Tulpen oder Nelken?

Im 19. Jahrhundert hättest du dir mit der Wahl der falschen Blumen noch eine gehörige Tracht Prügel einfangen können: Damals war die „Blumensprache" in ganz Europa allseits bekannt. Durch die Blume konnte man so ziemlich alles sagen, von „Treffen wir uns bald?" bis „Ich hasse dich und will dich nie mehr wiedersehen!". Heute sind die meisten Frauen schon glücklich, wenn du sie **überhaupt** mit einem Strauß Blumen überraschst – Hauptsache, die Blumen sind frisch und hübsch. (Zur Not kriegst du die bunten Stängel sogar an der Tankstelle.)

- Rosen: Für die große Liebe eignen sich Rosen nach wie vor am besten – und zwar rote. Rot, rosa, orange und weiß sind überhaupt die beliebtesten Farben bei Blumen.
- Tulpen sind vor allem im Frühling auch sehr gern gesehen, eignen sich aber besser als spontanes Mitbringsel als für besondere Anlässe.
- Nelken werden manchmal auch als Friedhofsblumen bezeichnet, da sie robust und lang haltbar sind. Manche Frauen finden sie zwar hübsch, aber für den romantischen Blumenstrauß eignen sie sich höchstens als Beigabe.
- Gelbe Blumen solltest du nur verschenken, wenn die Beschenkte die Farbe ausgesprochen gerne mag oder wenn es eine von vielen Farben ist, denn Gelb wird immer noch gelegentlich als Hinweis auf Neid oder ein schlechtes Gewissen nach dem Seitensprung interpretiert.

- Dass weiße Blumensträuße aufs Grab gehören, gilt immer noch in vielen Kreisen. Wer Krankenbesuche macht oder zu Seniorengeburtstagen eingeladen ist, sollte Weißes und besonders Friedhofsblumen wie Astern, Callas oder Chrysanthemen im Blumenladen lassen.

Und hier noch etwas „Blumensprache für Anfänger“:

- Flieder = „Ich will dich zärtlich drücken.“
- Rote Rose = „I love you.“
- Gelbe Rosen = „Ich/du bin/bist saueifersüchtig.“
- Gelbe Dahlien = „Vielen Dank, hast mir sehr geholfen.“
- Nelken = „Etwas mehr Leidenschaft wäre nicht schlecht.“

Solltest du jetzt langsam eine Blumenallergie entwickeln, ist ein möglichst buntes Sträußlein das Beste – da hat die einzelne Blume wenigstens nichts mehr zu melden …

Besondere Vorsicht ist übrigens geboten, wenn die Beschenkte ein ausgeprägtes ökologisches Gewissen hat oder bekennende Naturliebhaberin ist – rasch welkende Schnittblumen sind ihr dann vermutlich eher ein Dorn im Auge. Stattdessen kannst du heimlich bei den Nachbarn pflücken oder auf eine Blume im Topf zurückgreifen, an der sie viel länger Freude hat (aber bitte nicht zu oft, sonst findet sie bald keinen Platz mehr auf ihrem Balkon, wo sie noch Ökomöhren pflanzen kann).

115. Warum stören dreckige Sockenberge auf dem Boden?

Das Drama herumliegender dreckiger Socken hat schon so manche Beziehung an den Rand des Scheiterns gebracht. Wie können sich Frauen nur über solche Kleinigkeiten aufregen wie einen Haufen unschuldiger Socken, die sich irgendwo unterm Bett versteckt haben? Die Antwort ist einfach:

1. Dreckige Socken riechen. Und zwar schlecht. Wir bekommen das oft nicht mit, denn sie riechen ja nach uns selbst. Frauen haben jedoch eine feinere Nase, was mit den Hormonen zu tun hat. Und die nimmt leider am dezenten Socken-Aroma erheblichen Anstoß.
2. Herumliegende Socken lassen auf einen geheimen Hang zur Unordnung schließen. Sicher, die Anzüge hängen im Schrank. Aber Frauen achten eben gerne auf Kleinigkeiten: kleine glitzernde Steinchen im Schmuck, kleine Pralinen in großen Schachteln ... und kleine Ärgernisse, die auf behandlungsbedürftige Persönlichkeitsstörungen hindeuten könnten.
3. Wenn du es nicht schaffst, ein Paar Socken zur übrigen Dreckwäsche zu tragen, wie sollst du es dann schaffen, deine Liebste auf Händen, über die Schwelle oder ins Bett zu tragen? Sicher, es ist unlogisch, aber Frauen denken nun mal so. Und anstatt lange über den Haufen zu diskutieren, geht es oft einfach schneller, die Socken eben wegzuräumen – oder sie so gut unterm Teppich plattzutreten, dass sie es nicht merkt ...

116. Wie komme ich am Türsteher vorbei?

Es kann schon ein arger Schlag für das Selbstbewusstsein sein, wenn du in einen Club willst, der Türsteher das aber nicht zulässt. Doppelt übel: Du bist mit fünf Freunden unterwegs und der einzige, der nicht reinkommt. Und der GAU: Mädels sind auch dabei. Es gibt natürlich todsichere Methoden, diese Hürde zu überwinden:

- den Club kaufen
- den Türsteher kaufen
- mit Paris Hilton als Begleitung losziehen
- extrem reich und berühmt werden

Nun habe ich schon Männer getroffen, die trotz dieser guten Vorschläge nicht zufrieden waren. Auf jeden Fall solltest du die folgenden Regeln beachten, die das Vorbeikommen am Türsteher zwar nicht garantieren, aber die Wahrscheinlichkeit auf jeden Fall erhöhen – nebst ein paar erprobten Tricks:

Regel 1: Sei freundlich, nicht arrogant, aber auf keinen Fall unterwürfig. Begrüße den Türsteher freundlich, nicht herablassend und möglichst mit Namen.

Regel 2: Niemals streiten, diskutieren oder drohen, denn dann bist du „markiert"! Wenn der Türsteher nein sagt, freundlich lächeln und gehen. Zehn Minuten später noch mal kommen.

Regel 3: Weise subtil (!) auf die eigene Bedeutung hin: „Hallo. Ist [Promi-Name] schon drin?“ Oder, wenn du schon zurückgewiesen worden bist: „O. k. Bitte gib [Club-Besitzer] doch meine Karte. Danke.“ Hinten auf die Karte schreiben: „Hallo [Vorname des Club-Besitzers], wollte mal vorbeischauen, bin aber leider nicht reingekommen. Gruß, Stefan.“ Außerdem: Mädels mitnehmen, die dich in Hörweite des Türstehers um ein Autogramm bitten.
Regel 4: Beachte den Dresscode! Nicht darauf bestehen, in Badelatschen, Batikshirt und Zylinder auszugehen.

117. Warum sind Frauen immer so kompliziert?

Aus exakt demselben Grund, warum Chinesisch, Fahrradfahren oder den Videorekorder bedienen kompliziert ist: Man kennt sie nur nicht gut genug. In Wirklichkeit sind sie nicht schwieriger als alles andere im Leben. Frauen sind kein bisschen kompliziert. Man muss nur die richtigen Knöpfchen drücken und die Zeichen richtig lesen lernen, denn Frauen scheinen oft nur deshalb kompliziert,

- weil sie „unlogisch“ sind. Ach ja, die Logik mal wieder. Aber mal ehrlich: Bist du Mathematiker? Die scheinbare Unlogik der Frauen ist tatsächlich nur eine nichtlineare Funktion.
- weil sie scheinbar nicht meinen, was sie sagen. In Wirklichkeit sagen sie durchaus ganz genau, was sie meinen – nur sagen sie es anders als wir Männer.
- weil Männer es so wollen. Das glaubst du nicht? Es ist aber so – Frauen haben gelernt, dass die meisten Männer jagen und erobern wollen. Also machen sie es uns schwerer als eigentlich nötig: Damit wir uns gut fühlen, wenn wir sie erobern.
- weil sie oft über Gefühle sprechen. Tja, und die sind ja nun mal in der Tat oft ziemlich kompliziert …

Also sollten wir nicht darüber lamentieren, dass Frauen kompliziert sind, sondern sie Frauen sein lassen. Denn im Grunde genießen wir doch gerade das, nicht wahr?

118. Welche handwerklichen Basics muss ein Mann draufhaben?

Als echter Mann musst du heutzutage zum Glück nicht mehr mit Hammer und Schraubenschlüssel in der Hand zur Welt gekommen sein, um unter deinesgleichen etwas zu gelten. Ein börsennotiertes Unternehmen zu leiten tut's auch. Trotzdem: Auch wenn du nie schwereres Werkzeug als deinen USB-Stick anrührst und im Nachbarhaus der beste Hausmeister-Service residiert – ein paar handwerkliche Basics können nie schaden. Wer weiß, ob du nicht einmal in weiblicher Begleitung in einer nordfinnischen Blockhütte strandest oder deiner Tochter eine abbruchreife Studentenbude auf Vordermann bringen musst. In solchen Fällen kannst du nur punkten, wenn du selbst weißt, wie der Hase läuft. Zumindest bei den folgenden Bagatell-Baustellen:

- Glühbirne wechseln
- Sicherung austauschen
- Bilderhaken in die Wand schlagen
- falsch platzierten Bilderhaken wieder aus der Wand holen und entstandenen Krater zugipsen
- Ölstand im Auto kontrollieren und Öl nachfüllen
- Benzin einfüllen
- IKEA-Möbel zusammen- und wieder auseinanderbauen
- falsch zusammengeschraubte IKEA-Möbel per Beil zerhacken und im Kamin anzünden

- die Zimmerwand streichen, ohne dass man anschließend einen neuen Fußboden verlegen muss. (Wer sollte das dann machen: du vielleicht?)
- verstopften Waschbeckenabfluss auseinandernehmen und reinigen
- Küchenmesser schleifen
- Klappmesser aufklappen

Natürlich sollte die moderne Frau auch alleine mit derlei Kram klarkommen, aber antiquierte Gene drängen sie immer noch dazu, diese Aufgaben dem Mann zu überlassen. Wer dabei versagt, hat den Test leider nicht bestanden. In Ausnahmefällen (wichtiger Geschäftstermin in Shanghai, mindestens ein Bein oder Arm vollständig eingegipst, mehrwöchiger Krankenhausaufenthalt mit akuter Lungenentzündung) kann Mann sich aber aus der Affäre ziehen, indem er einen guten Freund um Hilfe bittet oder eine Stange Geld für den Besuch des 24-Stunden-Notdienst-Handwerksmeisters springen lässt.

Doch Vorsicht: 77 Prozent der jungen ostdeutschen Frauen würden im Zweifelsfall lieber einen Handwerker als einen Playboy an ihrer Seite sehen. Und außerdem: „Ein Mann ohne Handwerk gleicht einem Vogel ohne Flügel" – behauptete zumindest Bundesfinanzminister Steinbrück kürzlich in seiner Rede beim Steuerforum 2007 des Zentralverbands des Deutschen Handwerks. (Oder wollte er da nur ein bisschen schleimen?)

119. Wie groß ist ein „normaler" Penis?

Wer glaubt, die Penisgröße eines Mannes von dessen Körperbau oder gar Nase ablesen zu können, liegt gründlich daneben. Doch was ist „normal"? 34,4 cm – so lang ist der (medizinisch verbürgt) längste Penis, der bei einem Mann gemessen wurde. Am anderen Ende der Skala liegt der „Mikropenis" mit einer Länge von rund einem Zentimeter. So gesehen ist alles normal, was dazwischen liegt.

Laut Brockhaus hat der deutsche Penis in entspanntem Zustand eine durchschnittliche Länge von sieben bis zehn Zentimeter, erigiert zwischen zwölf und 18 Zentimeter. Übrigens sollte man das Ding an der Oberseite (Bauchseite) messen – nur ausgesprochene Optimisten messen an der Rückseite (inklusive Peniswurzel).

Aber kann man das so allgemein sagen? Es ist doch mittlerweile fast allgemein bekannt, dass Schwarze längere Teile haben als Weiße. Denkste. Stimmt gar nicht, wie die bisher ausführlichste Untersuchung, der „Size Survey" ermittelte:

Kaukasier 165 mm
Schwarze 155 mm
Hispanier 150 mm
Ostasiaten 139 mm

Allerdings gilt das nur, wenn das Ding steht. Im schlaffen Zustand liegen die Schwarzen vorn, wobei sie die größte Variationsbreite aufweisen. Nur eins ist sicher: Asiaten haben kleinere Pimmel.

Grundsätzlich kann Mann zwischen zwei Penis-Typen unterscheiden: Der „Fleisch-Penis“ ist schon im Normalzustand relativ groß und gedeiht bei der Erektion nur noch geringfügig. Umgekehrt ist der „Blut-Penis“ nicht erigiert ein Zwerg, der sich durch die Erektion zum Riesen mausert – am Ende sind beide jedoch in etwa gleich lang.

Was die Frauen betrifft – denen ist die Länge der Wurst meist ziemlich wurst. Nicht die Zahl der Zentimeter zählt, sondern das, was du mit diesen Zentimetern anstellst. Obwohl Männer offensichtlich davon überzeugt sind, geht keine Frau der Welt mit dem Maßband in der Hand auf Partnersuche. Bei einer Umfrage gaben 90 Prozent der Frauen an, dass Härte ihnen wesentlich wichtiger ist als Länge. Zudem legen Frauen besonders viel Wert auf Einfühlungsvermögen und Rhythmus.

Apropos „normal“: Die folgenden Penislängen sind bei unseren engeren und entfernteren Verwandten normal:

Orang-Utan	drei Zentimeter
Gorilla	drei Zentimeter
Hauskatze	drei Zentimeter
Schimpanse	sieben bis acht Zentimeter
Cocker-Spaniel	fünf bis 7,5 cm
Schäferhund	zwölf bis 17 cm
Hausschwein	20 bis 30 Zentimeter
Pony	20 bis 50 Zentimeter
Esel	50 bis 60 Zentimeter
Pferd	50 bis 70 Zentimeter

Rind	50 bis 60 Zentimeter
Delfin	ca. 45 Zentimeter
Giraffe	ca. ein Meter
Elefant	1,5 bis 1,8 Meter
Blauwal	über zwei Meter, und damit Weltrekord

Quelle: Pfizer Pharma GmbH

120. Was sagen Schuhe über einen Mann aus?

Sprechen können sie ja nun nicht, große Elogen auf die darin steckenden Herren darf man also von ihnen nicht erwarten.

Doch es ist etwas ganz anderes, was Frauen glauben, dass Schuhe über einen Mann sagen, und es ist ziemlich interessant. Man muss wissen, dass es für Frauen „Schuhe" nur in einem sehr abstrakten Sinn gibt, nämlich als Überbegriff für eine Vielfalt so unterschiedlicher Dinge wie Ballerinas, Boots, Brogues, Flip-Flops, Mary Janes, Pumps, Sandaletten, Sneakers, Stilettos etc.

Hier ein kurzer Überblick, was Frauen glauben, aus dem Schuhwerk eines Mannes ablesen zu können:

„Unpassende Schuhe": Nein, das hat nichts mit der Größe zu tun – obwohl das ja das einzige Kriterium sein sollte. Frauen meinen aber, dass alte Turnschuhe in der Oper oder Sandalen im Restaurant einen Trottel markieren.

Schmutzige Schuhe: Eigentlich sollte dieser Aspekt ja wurst sein – schließlich läuft man ja in den Dingern durch allen möglichen Dreck. Für Frauen bedeutet das aber, dass der ganze Kerl schmuddelig ist.

Designersportschuhe: Gut, um schnell wegzulaufen, wenn's brenzlig wird. Frauen meinen: Ein sportlicher, aber etwas unzuverlässiger Typ.

Cowboystiefel: Das typische Schuhwerk des Lonesome Ranger. Frauen denken, dass er wohl auch einsam bleiben wird.
Sandalen: Wunderbar im Sommer – außer, wenn man eine Frau aufreißen will. Die glaubt nämlich, dass diese Schuhe auf Impotenz hinweisen.
Gesundheitsschuhe: Kommen bei manchen Frauen gut an – nämlich bei solchen, die einen treuen Familienpapi suchen. Ansonsten: Langweilig, schlechter Liebhaber.
Edle handgenähte Schuhe: Für Frauen ein klares Signal, dass es sich um einen erfolgreichen Mann und guten Liebhaber handelt.
Pumps: Schwul oder Transvestit.

121. Kann man einer Frau ansehen, ob sie gut im Bett ist?

Ja klar. Zumindest dann, wenn das Licht an und sie gerade zugange ist … O. k. – das ist zu einfach, außerdem sind Frauen selten bereit, solche Einblicke zu geben.

Also: Im Alltag, bekleidet und nicht gerade in sexuelle Aktivitäten verwickelt? Leicht ist's nicht. Ob eine Frau sexy oder trollig aussieht, hat mit ihren Qualitäten im Bett absolut nichts zu tun. Es ist ganz natürlich, dass ein Mann, der wohlgeformte Brüste, volle Lippen, wallendes Haar und schlanke, endlose Beine sieht, sich viel leichter vorstellen kann, dass eine Frau gut im Bett ist, als wenn er einem dicklichen, pickligen, Brille und Zahnspange tragenden Mädel gegenübersteht. Aber nur, weil er sich das eine eben lieber als das andere vorstellt, nicht, weil es so ist! Das bedeutet jedoch nicht, dass Frauen, die nicht toll aussehen, unbedingt gut im Bett sind! Mit ein wenig Übung kann man jedoch durchaus einige Anhaltspunkte finden, wie die Dame im Bett drauf ist:

Sinnlichkeit: Achte darauf, ob sie gerne Dinge berührt und alle Sinne einsetzt. Wenn sie das macht, wird sie auch in der Kiste eher sinnlich sein.
Eleganz: Schau darauf, ob ihre Bewegungen fließend und koordiniert sind. Wenn sie sich eckig und tollpatschig bewegt, wird sie wahrscheinlich auch im Bett nicht der Bringer sein.

Gelassenheit: Wenn sie unlocker und pingelig ist, wird sie wahrscheinlich auch im Bett eher verkrampft sein.
Humor: Kann sie laut lachen? Dann kann sie wahrscheinlich auch im Bett viel Spaß haben, wird sich trauen, herzhaft zu stöhnen – und dann hoffen wir mal, dass sie dich am Ende nicht lauthals auslachen wird.

Im Übrigen ist es eine gut erforschte Tatsache, dass „dumm fickt gut" ein dämlicher Spruch ist, der höchstens die Ausnahme von der Regel beschreibt. Meistens sind intelligente Frauen wesentlich experimentierfreudiger, aufgeschlossener und ... einfach geiler.

122. Wer zahlt?

Wer mehr Geld auf dem Konto hat? Nein: Eigentlich sollte beim gemeinsamen Restaurantbesuch immer der Gastgeber zahlen – unabhängig davon, ob es sich dabei um Mann oder Frau handelt. Was bei unseren Großmüttern noch zu einer mittleren Ohnmacht geführt hätte, ist in Zeiten der Emanzipation ganz normal: Wenn **sie** dich ins Restaurant einlädt, kannst du ihr auch getrost die Rechung überlassen. Doch Vorsicht: Die Einladung sollte sehr deutlich ausgesprochen werden. „Was hältst du davon, wenn wir heute mal zum Chinesen gehen?" ist bei den meisten Frauen noch lange nicht als Einladung zu verstehen. Vielmehr verbirgt sich dahinter oft ein dezenter Hinweis, dass du sie endlich mal wieder zum Essen ausführen könntest. (So viel also zum Thema Emanzipation ...)

Es scheint übrigens zwischen der Damenwelt und der Zunft der Kellner ein geheimes Bündnis zu geben, denn in erstaunlich vielen Restaurants landet die Rechnung immer noch automatisch vor der Nase des männlichen Gastes. Auch wenn es manchmal wehtut – als Mann von Welt wirst du wahrscheinlich altmodisch genug sein, sie dann auch zu bezahlen. So bleibt nur noch die Hoffung, dass sie sich durch eine weitere Einladung bei dir bedanken wird – oder dich vielleicht gleich bei sich zu Hause bekocht ...

123. Wie erkläre ich einer Frau, was an Fußball so toll ist?

Es gab Zeiten, in denen Frauen Fußball ungefähr so viel abgewinnen konnten wie Männer den Strickmustern aus *Meine Familie und ich*. Keine Ahnung, ob du inzwischen auch mal ein Strickmuster studierst – aber umgekehrt holen Frauen uns langsam ein. Bei einer aktuellen großen Umfrage gaben 63 Prozent der Frauen an, Fußball zu mögen. Außerdem behaupteten 89 Prozent der Männer und 85 Prozent der Frauen, dass Fußball bei ihnen noch nie Anlass zu Streitereien war. Das ist doch was. Doch was ist mit den restlichen Frauen? Die musst du wohl oder übel noch überzeugen. Und das ist ganz einfach. Mach ihr klar, dass Fußball wie das richtige Leben ist: Es wird angegriffen und verteidigt, man versucht, mit der richtigen Taktik seine Ziele zu erreichen (und manchmal auch heimlich mit List und Tücke), jeder gibt alles, was er hat, und trotzdem braucht man eine gute Portion Glück, um am Ende als Gewinner dazustehen.

Daneben ist Fußball aber auch eine der wenigen Gelegenheiten im Leben eines Mannes, bei denen er weinen und seine Gefühle zeigen kann, ohne danach gleich als Weichei dazustehen. Rund 56 Prozent der Frauen stehen auf Männer, die beim Fußballgucken feuchte Augen bekommen. Selbst hartgesottene Kerle können ihren Tränen daher freien Lauf lassen, wenn ihr Verein nach einer hervorragenden Saison im Endspiel der Champions League haushoch verliert, ein Abstiegskandidat im letzten Moment noch den Tabellenersten vom Platz fegt oder ihr Lieblingsspieler von einem Bombenschuss am Nasenbein touchiert wird – oder gar unter der Gürtellinie.

Fußball verbindet Völker und Nationen das – Halbfinale der WM 2006 (Deutschland gegen Italien) wurde allein hierzulande von 31,31 Millionen Zuschauern verfolgt – was die größte je in Deutschland gemessene Zuschauerzahl ist. Aber noch viel toller ist, dass es jedem eine Chance zum Mitspielen gibt (natürlich nicht bei der WM – aber wenigstens auf dem Bolzplatz hinter der Garage). Mann kann hässlich, strohdumm oder auch ein Streber sein, solange er die grundlegendsten Aspekte versteht (das Tor ist eckig, der Ball ist rund, und das Runde muss ins Eckige), kann jeder auf dem Spielfeld seinen Mann stehen. Und selbst für Außenseiter ist immer noch ein Platz frei: „Gut, du gehst ins Tor!" Jenseits von Pisa, Eliteausbildung oder Hauptschulabschluss hat hier jeder mit ein wenig Ballgefühl, genügend Ausdauer und etwas Glück die Chance, es einmal ganz nach oben zu schaffen – selbst wenn er aus dem Slum einer Millionenstadt eines Schwellen- oder Entwicklungslandes stammt.

Wenn das nicht ausreicht, musst du deine Frau oder Freundin eben irgendwie darauf bringen, dass die durchtrainierten Kerle auf dem Spielfeld doch auch recht hübsch anzusehen sind. Aber wundere dich nicht, wenn sie sich daraufhin plötzlich ihr eigenes *Kicker*-Abo zulegt …

124. Was tun bei Liebeskummer?

Ob verlassen oder gar nicht erst geliebt: Liebeskummer kann einem das Leben ganz schön zur Hölle machen. Im Gegensatz zur landläufigen Meinung sind es nicht zwangsläufig die Frauen, die mehr unter Liebeskummer leiden – sie sprechen nur öfter und ausführlicher darüber als wir. Für viele Männer ist Liebeskummer daher oft schwerer zu ertragen als für Frauen, denn wer will schon plötzlich seine Kumpels damit zutexten, dass er ständig an sie denken muss, schlaflose Nächte hat und wie ein Tier leidet?

Hier die erwiesenermaßen besten Methoden gegen Liebeskummer:

- Akzeptiere, dass ihr nicht füreinander geschaffen seid – und dass keiner von euch Schuld daran hat.
- Unternimm viel mit guten und langjährigen Freunden.
- Greife alte Hobbys wieder auf, die **ihr** zum Opfer gefallen sind.
- Genieße all das, was du jetzt wieder tun kannst, ohne Kritik fürchten zu müssen: schönen Frauen nachschauen, mit Kumpels Bier trinken, die Nacht zum Tag machen, drei Filme am Stück ansehen …
- Sei gut zu dir: Iss gesund, schlafe ausreichend, nimm dir Zeit für dich selbst, akzeptiere, dass es dir gerade nicht so toll geht.

- Beweg dich: Bei mehreren Studien mit Depressiven erzielten im Schnitt über 60 Prozent der Betroffenen deutliche Stimmungsverbesserungen, indem sie sich einfach nur dreimal pro Woche sportlich betätigten: Probiere also neue Sportarten aus oder pflege alte; Hauptsache, du kommst dabei ordentlich ins Schwitzen.
- Öffne dich dafür, neue Leute kennenzulernen: Andere Mütter haben schließlich auch schöne Töchter!

Und das solltest du bei Liebeskummer unbedingt vermeiden:

- Ihr weiter hinterherzulaufen – bringt in 99,9 Prozent der Fälle nur das Gegenteil. (Sie will erst recht nichts mehr von dir wissen.)
- Alles verdrängen und so tun, als würde es dir nichts ausmachen.
- Dich in Sucht und Exzesse stürzen: Sauf- oder Fressorgien, Koks oder Hasch, Dauerparty oder Extremklettern – das alles dient nur zur Betäubung. Sobald du den Tatsachen wieder ins Auge siehst, wird alles nur noch übler sein.
- Dir die Schuld an allem geben. (Zur Trennung gehören immer zwei!)
- Dich in Hass und Rachegelüsten suhlen und ihr die Schuld an allem geben.
- Überstürzt dein Leben völlig umkrempeln (obwohl eine neue Tapete sicher nicht schaden kann oder ein Single-Urlaub mit *Robinson* oder *Club-Med*).

- Dich vernachlässigen, nicht mehr aus dem Haus gehen und dich um nichts und niemanden mehr kümmern, bis der Weltuntergang kommt. (Klar, der ist schon in Sicht – aber so etwas dauert dann doch immer länger, als man gehofft hat …)

Quelle: Duke University, Durham, North Carolina

125. Wo um alles in der Welt ist der mysteriöse G-Punkt?

Immer wieder geistert der Begriff G-Punkt durch die Medien. Dieser Punkt soll eine erogene Zone bei Frauen sein, die bei Stimulation sehr schnell zum Orgasmus führt. Viele Männer wären begeistert, wenn sie wüssten, wo dieser Punkt ist – anstatt stundenlang herumzumachen einfach nur ein Knöpfchen drücken, das wäre doch prima.

Den G-Punkt gibt es seit 1950, nachdem der deutsche Arzt Ernst Gräfenberg (nach dem der Punkt denn auch benannt ist) einen Artikel über diese geheimnisvolle erogene Zone geschrieben hatte. Aber zuerst mal das Allerwichtigste: Wo ist das Ding?

- Etwa fünf Zentimeter vom Scheideneingang entfernt,
- an der Vorderwand der Vagina, also zur Bauchdecke hin,
- unmittelbar hinter dem Schambein.
- Er hat die Form einer abgeflachten Halbkugel von etwa zwei Zentimeter Durchmesser und eine Vertiefung in der Mitte.
- Das Gewebe fühlt sich an dieser Stelle „gerippt“ oder hart an.

Mit ein wenig Übung und Ausprobieren dürfte er also nicht allzu schwer zu finden sein. Wenn es da nicht ein klitzekleines Problem gäbe: Es ist äußerst umstritten, ob es diesen Punkt überhaupt gibt.

Terence M. Hines, Psychologe an der Pace University, kam zu dem Schluss, dass „die Beweislage zu schwach [ist], um die Existenz des G-Punktes tatsächlich anzunehmen. Genauer gesagt wurden Beobachtungen und Fallstudien gemacht, die eine kleine Anzahl von Personen betrachteten und nachfolgend nicht durch anatomische und biochemische Studien unterstützt wurden.“. Deshalb findet man den G-Punkt auch in keinem Anatomiebuch.

Aber du musst die Hoffnung nicht ganz aufgeben, denn andere Forscher meinen, dass es den G-Punkt durchaus gibt – nur eben nicht bei allen Frauen. Also gilt, wie so oft: Erfahrung macht klug. Und Spaß am Sex geht auch ohne G.

Quelle: Encyclopedia Sexualis

126. Was macht den „Mann von Welt" aus?

Der „Mann von Welt", auch Kosmopolit genannt, zeichnet sich durch eine weltoffene Haltung aus und dadurch, dass er es versteht, sich in jeder Situation zurechtzufinden, gut zu leben und das jedem auch deutlich zu zeigen. Im Idealfall ist der Mann von Welt jemand, der über mehrere goldene Kreditkarten verfügt, der es sich leisten kann, einfach mal eine Weile gar nichts zu tun, und die schönen Seiten des Lebens genießt. Ein bisschen also wie 007, nur ohne Action und Kanone.

Die Grenze zum „Lebemann" (oder Bonvivant) ist fließend – der Begriff ist, zumindest in bürgerlich-konservativen Kreisen, negativ besetzt. Aufgeklärte Gesellschaftsschichten machen hingegen keinen Unterschied zwischen „Mann von Welt" und „Lebemann".

Falls du selbst zum „Mann von Welt" werden willst, solltest du vor allem auf Folgendes achten:

1. Zieh dich schick an. Vergiss Hawaiihemden, Bermudashorts oder Baseball-Käppis mit bunten Firmenlogos. Hemd und Krawatte kannst du dir sparen, aber ein schickes, lässiges Sakko und ein paar italienische Schuhe zur Edeljeans sollten es schon sein.
2. Keine albernen Tattoos, Ohr- und Nasenringe. Sie belegen nur, dass du dir noch nie Gedanken darüber gemacht hast, wie du mit diesem Styling in 20 Jahren aussiehst.

3. Das Kind in dir darfst du dir ruhig erhalten – träume, singe, tanze und trau dich, spontan zu sein und auf deinen Bauch zu hören. „Kindisches“ Gehabe ist jedoch definitiv nicht weltmännisch – ob Karaokebar, Saufparty am Pool, Gokart-Rennen oder das Tragen alberner Faschingshüte und das Aufsagen noch viel alberner Karnevalsgags – kannst du dir vorstellen, dass James Bond sich zu so etwas hinreißen lässt? Eben!
4. Ein „Mann von Welt“ ist immer auch ein Gentleman. Wuchernde Nasen- oder Ohrenhaare, schlechte Rasur, Körpergeruch oder dreckige Fingernägel sind für Frauen einfach eklig – Körperpflege hat allerdings nichts damit zu tun, zum Softie zu werden, sondern sich vom Schimpansen zu unterscheiden.
5. Eine ausreichende Allgemeinbildung, um bei Günther Jauch einen fünfstelligen Gewinn mitzunehmen, und genug Fremdsprachenkenntnisse, um auch im Osten Rumäniens gut zu essen, sind natürlich das Minimum.
6. Das nötige Selbstbewusstsein bekommst du entweder durch
   a) dein fantastisches Aussehen,
   b) dein absurd hohes Jahreseinkommen,
   c) das Bewusstsein deiner Einzigartigkeit,
   d) die Erkenntnis, dass das Leben sowieso nur ein Spiel ist und es nichts zu verlieren gibt, oder
   e) alles auf einmal.

Dann fehlen noch ein paar erträgliche Umgangsformen (Schau in den Knigge!) und schon wirst du im Feinkostrestaurant, im Spielcasino oder bei der Premierenparty genauso souverän rüberkommen wie in der hippen Kunstgalerie oder beim ersten Date mit einem wunderschönen Supermodel ...

127. Wie lange dauert ein Vorspiel?

Kommt ganz darauf an, ob du nur schnell zum Zug kommen oder dich als unwiderstehlicher Casanova beweisen willst. In manchen Ratgebern ist zu lesen, dass es zwischen zehn und 20 Minuten dauert, bis eine Frau wirklich bereit ist für Sex. Das trifft so allerdings wohl nur zu, wenn man sie wie einen besseren Roboter behandelt und sich darauf beschränkt, im entscheidenden Moment die passenden Knöpfe zu drücken.

Ein guter Liebhaber weiß hingegen, dass diese herkömmliche Definition des Vorspiels Quatsch ist. Anstatt sich erst kurz davor mit irgendwelchen Streicheleinheiten aufzuhalten, sorgt er schon viel früher dafür, dass sie sich danach verzehrt, endlich mit ihm im Bett zu landen. So gesehen gehören dann Theaterbesuch, Cocktail und jede Menge kleiner Anspielungen auch schon zum Vorspiel. Liegt man dann endlich auf der Matte, kann es auch gleich zur Sache gehen.

Das Vorspiel ist die Kunst, erotische Spannung (langsam) aufzubauen. Das schaffst du nicht nur durch Petting und Zungenkuss, sondern auch durch kleine Aufmerksamkeiten, Komplimente, beiläufige Berührungen, Küsschen oder die richtige Dosis Romantik (und/oder Alkohol). Im passenden Moment entlädt sich die Spannung dann wie von selbst. In diesem Sinne beginnt das Vorspiel quasi bereits kurz nach dem letzten Sex schon wieder aufs Neue.

PS: Bei einer Umfrage zum Thema Sex gaben 72 Prozent der Frauen an, dass ihnen das Vorspiel „sehr wichtig“ sei. Fast Food-Erotiker, die gleich zur Sache kommen wollen, sind ihnen ein Gräuel. Konfuzius hatte zwar recht, als er schrieb: „Essen und Beischlaf sind die beiden großen Begierden des Mannes“, aber auch Al Bundy hatte recht, als er Massen von Frauen aus der Seele sprach: „Viele Leute müssen mit ihrer Enttäuschung leben. Aber ich muss mit meiner schlafen.“

128. Wie überrede ich meine Freundin zur Intimfrisur?

Es gibt Frauen, die in dieser Beziehung heikel sind. Dabei haben die wenigsten etwas gegen eine gewisse Kürze und etwas mehr Form einzuwenden. Wünschen wir allerdings, dass sie sich untenrum ganz nackig machen, wird's meist ein wenig schwieriger. Die häufigsten Argumente dagegen:

- Das ist ja pervers!
- Es ist nicht gerade leicht, sich zwischen den großen Zehen zu rasieren. Da gibt's empfindliche Stellen.
- Wenn die Stoppeln rauskommen, tut's weh.

Also pervers ist es nicht. Aber die beiden anderen Punkte sind nicht ganz von der Hand zu weisen. Selbst mit einem elektrischen Rasierer kommt es mitunter zu kleinen, schmerzhaften Schnittverletzungen. Zupfen macht auch keinen Spaß (außer sie ist masochistisch veranlagt). Und die chemische Keule ist im Intimbereich auch nicht gerade unproblematisch. Aber das ist ein anderes Thema. Zuerst einmal musst du sie von den Vorteilen überzeugen:

- Das fühlt sich angenehm kühl an, vor allem im Sommer.
- Das ist wahnsinnig sexy und fühlt sich toll an.
- Haare sehen schon irgendwie ein bisschen eklig aus. Außerdem bleiben ja alle möglichen Gerüche und Pipi dran haften. Haare sind einfach unhygienisch.

- Deine Beine und Achseln rasierst du ja auch – und das sogar nur für die anderen.
- In den meisten Hochkulturen von den Ägyptern bis zu den Maya – und auch in Europa bis zum Mittelalter – haben sich Frauen die Haare entfernt; die wussten schon, warum.
- Im Islam, der auf körperliche Reinlichkeit größten Wert legt, sind Frauen unten immer nackt, daran ändert auch das Kopftuch nichts.
- Das ist das Einzige, was dir noch zu meiner Traumfrau fehlt.

Wenn sie das alles nicht überzeugt, muss sie schon ziemlich bockig sein. Es muss übrigens nicht unbedingt der Rasierer ran – es gibt auch andere Methoden. Hier ein kleiner Überblick:

Methode	**Effekt**	**Schmerz**	**Probleme**	**Kosten**
Rasieren	Nur ein paar Stunden ganz glatt	Keiner – außer bei Schnitten	Schnittverletzungen, Entzündungen	ca. 5 Euro/Monat
Creme	Nur ein paar Tage ganz glatt	Eventuell leichtes Brennen	Hautirritationen	ca. 15 Euro/Monat
Waxing	etwa einen Monat ganz glatt	Beim ersten Mal heftig, dann wird's besser	Rötung	ca. 30 Euro/Monat
Epilation	Dauerhaft	Aua! Aber nur einmal	Rötung	ca. 500 Euro (einmalig)

129. Warum reden Frauen immer so viel?

Laut den Erfolgsautoren Barbara und Allan Pease können Frauen täglich bis zu 8 000 Wörter von sich geben, Männer hingegen gerade mal 4 000. (Falls du schwach im Kopfrechnen bist: Das ist ungefähr die Hälfte.) Hinzu kommen noch Tausende von nonverbalen Kommunikationsträgern wie Gesten, Gesichtsausdrücke und eine Vielzahl von bedeutungsvollen Geräuschen. Da ist es schon verständlich, wenn die Frau an deiner Seite dir gelegentlich wie eine Plaudertasche vorkommt …

Abgesehen davon hat Reden für Frauen aber auch einen ganz anderen Stellenwert als für uns Männer. Während wir uns vor allem auf die Mitteilung von Infos und Facts beschränken, benutzen Frauen das Reden, um ihren Gefühlshaushalt zu managen, Beziehungen zu pflegen und Probleme in aller Ruhe von allen möglichen Seiten zu durchdenken. Ja, das hast du ganz richtig verstanden: Während wir Männer still nachdenken, um niemanden zu stören und erst das brillante Ergebnis unserer Grübeleien der begeisterten Umwelt zu präsentieren, haben Frauen jeden noch so beiläufigen Gedankenschnipsel in Sekundenschnelle auch schon über die Lippen gebracht. Kein Wunder, dass sie täglich so viele Worte von sich geben. (Würde dein Rechner jeden Arbeitsschritt mit einem Piepsen begleiten, würdest du dich sicher wie in einer Spatzenkolonie fühlen.)

Zerbrich dir also besser gar nicht erst den Kopf darüber, wieso deine Liebste so viel redet, sondern überlege dir lieber, wie du diesem Wortschwall so gut wie möglich entgehen kannst. Die einfachste Möglichkeit heute: Richte ihr eine Flatrate fürs Telefon ein, stell ihr ein schönes Telefon hin und freu dich, wenn sie stundenlang mit ihren Freundinnen spricht. Andere Frauen beteiligen sich nämlich gerne am unaufhörlichen Dauer-Geplapper und leiden nicht im Geringsten darunter – während du endlich auch zu Hause mal wieder die Stille genießen kannst.

Doch Vorsicht! Wenn sie stundenlang mit einem anderen Mann telefoniert, sollten deine Alarmglocken läuten. Denn wie gesagt: Männer reden normalerweise gar nicht so lange, also dürfte der Kerl wohl einiges im Schilde führen …

130. Wozu soll es gut sein, barfuß durchs Feuer zu laufen? Und wie geht das?

Rituelle Feuerläufe gibt es schon seit Urzeiten und in vielen Kulturen, von den Fidschi-Inseln bis zu den alten Griechen. Und heute ist es wieder modern. Motivations- und andere Gurus versprechen neuartige Bewusstseinszustände, ein ungeheures Anwachsen der inneren Kräfte, Heilung aller möglichen Leiden und, und, und.

Was bringt's wirklich? Nun ja. Das Gruppenerlebnis kann schon toll sein und du fühlst dich prima, weil du es geschafft hast. Was allerdings kein Wunder ist. Immer wieder wird behauptet, dass es keine wissenschaftliche Erklärung dafür gibt, dass man sich beim Feuerlaufen nicht verletzt – nur in einem Trancezustand sei das möglich. Vielleicht bist du auch schon auf diese Behauptung hereingefallen: Es ist ja auf den ersten Blick wirklich erstaunlich, wenn jemand über glühende Kohlen (mit 240 bis 450°C) läuft, ohne sich zu verletzen.

In Wirklichkeit ist das Phänomen aber durchaus (und leicht) zu erklären, ohne dass man „übernatürliche Kräfte“ oder „außergewöhnliche mentale Zustände“ herbeizitieren muss. Und so geht's:

- Holz und Kohle sind schlechte Wärmeleiter. Deshalb kann Kohle Gegenstände, die sie berühren, nur langsam erhitzen – vor allem solche, die, wie der menschliche Körper, eine hohe Wärmekapazität und niedrige Wärmeleitfähigkeit aufweisen. Messungen haben gezeigt, dass sich die Haut auf ca. 80°C erwärmt; diese Wärme wird vom Blut schnell abtransportiert.

- Die Kontaktzeit der Füße mit der Glut beträgt weniger als eine halbe Sekunde pro Schritt. Deshalb erhöht zu langsames Gehen die Gefahr von Verbrennungen ebenso wie Laufen, denn dabei wird das Körpergewicht auf die Zehenspitzen und Fußballen verlagert: Bei derselben Masse kommt eine kleinere Fläche mit den glühenden Kohlen in (intensiveren) Kontakt.
- Die Hornhaut an den Füßen trägt nicht viel zu dem Phänomen bei, dennoch ist sie ein kleiner Schutz. Doch auch Kinder im Alter von sechs Jahren, die noch keine Hornhaut an den Füßen haben, können ebenso unbeschadet über glühende Kohlen gehen.
- Wenn der Fuß die Kohle berührt, wird die Sauerstoffzufuhr für die Verbrennung kurzfristig unterbrochen, sodass keine neue Hitze mehr entsteht. Die Temperatur der Kohle fällt unter den Flammpunkt, sodass die Verbrennung auch nach Ende des Kontakts nicht sofort wieder einsetzt.
- Und dann gibt es noch den Leidenfrost-Effekt. Zwischen Glut und Haut entsteht ein kleines Dampfpolsters. Klingt toll und wird oft als die Haupterklärung angesehen – stimmt aber nicht: Ein Leidenfrost-Effekt aus Fußschweiß reicht nie und nimmer aus, um das Körpergewicht eines Menschen zu tragen.
- Trance, Hypnose, Meditation: sind nicht nötig. Aber ein bisschen können sie helfen – du verlierst die Angst und bist entspannt, was die Durchblutung und damit die Wärmeableitung verbessert.

Also: Nur Mut! Allzu viel davon brauchst du zum Feuerlaufen aber ohnehin nicht.

131. Wie pflanze ich einen Baum?

Einen Baum pflanzen ist heute deutlich angesehener als Bäume fällen. Erkundige dich zuerst mal, ob die gewünschte Baumsorte an ihrem zukünftigen Standort auch gedeihen kann – dies hängt vor allem von den Lichtverhältnissen und vom Boden ab. In der Baumschule (nein, dort gibt es keinen Unterricht, du kaufst dort nur den jungen Baum) kannst du im Zweifelsfall nachfragen, welcher Baum für welchen Platz geeignet ist. Vielleicht musst du auch den Boden vor dem Pflanzen noch mit Kompost, Mist, Kalk oder Phosphaten düngen.

Die beste Zeit zum Pflanzen ist zwischen dem Laubfall im Herbst und dem neuen Austrieb im Frühjahr, aber auf keinen Fall bei Frost und Schnee. Bei sehr dichtem Boden musst du den Untergrund im Umkreis von zwei bis drei Meter zwei Spaten tief lockern, bei sehr feuchtem Boden eine Drainage legen. Die Pflanzgrube muss so groß sein, dass die Wurzeln bequem Platz finden ohne abzuknicken, und so tief, dass der Baum ebenso weit im Boden steckt wie vorher im Pflanzcontainer oder in der Baumschule. Und schon geht's ans Pflanzen:

1. Schneide alle beschädigten, abgestorbenen oder überlangen Wurzeln mit einer scharfen Gartenschere ab.
2. Vermische den Aushub mit Komposterde und schütte einen Teil davon in die Mitte der Pflanzgrube, um den Baum draufzustellen. Am ein-

fachsten ist es, wenn ein Helfer den Baum in der richtigen Position festhält.

3. Dann füllst du die Grube mit Erde auf. Rüttle dabei gelegentlich etwas am Baum, damit die Erde auch überall zwischen die Wurzeln fällt.
4. Richte den Baum gerade, schlag einen Stützpfahl in den Boden daneben und binde den Baum mit Baumband oder einer dicken Kordel daran fest. (So übersteht dein Baum auch den nächsten Windstoß.) Erst dann wird die frische Erde vorsichtig festgetreten. Du musst eventuell noch Erde nachfüllen.
5. Als Letztes gießt du den Baum großzügig an, damit noch vorhandene Hohlräume geschlossen werden und die Wurzeln Wasser bekommen.